JN213253

「時間術の ベストセラー 100冊」 のポイントを 1冊にまとめてみた。

文道

藤吉 豊
小川真理子

日経BP

はじめに

　本書は、**時間術の名著「100冊」のエッセンスを1冊にまとめ
た**ものです。
「経営者、コンサルタント、教育者、ジャーナリスト、評論家な
ど、時間管理が上手な人、生産性の高い人が大切にしているコツ
を、重要なものから順に身につけてもらおう」
　というコンセプトに従っています。

　本書の制作にあたって、筆者の藤吉豊と小川真理子は、「時間の
使い方」が学べる名著100冊を精読しました。その結果、
「時間の使い方は、2000年以上前から続く人類のテーマである
（100冊の中には古代ローマ時代の思想書も含まれます）」
「人には『寿命』というタイムリミットがある。だから雑多な用
事に忙殺されないよう、多くの識者たちが時間管理の方法を考え
続けてきた」
　ことがわかりました。
　時間術には数多くの方法があり、著者によってアプローチのし
かたはさまざまです。
　ですが、そのノウハウは百人百様ではなく、**時間の使い方が上
手な人には、共通のノウハウが数多く見受けられた**のです。

　**時間術の名著100冊に書かれてあった共通のノウハウを洗い出
し、ランキング化したのが本書です。**
　本書では、その共通のノウハウを「大事な順」に紹介します。

◆ランキングの決め方

　本書では、著者の多くが「大切だ」と考えている共通のノウハウを集めるために、次のような手順を踏みました。

(1)「時間術」をテーマにした本を「100冊」購入

　時間術、時間管理、生産性向上をテーマにしたベストセラー、ロングセラーを購入。選定の基準は216ページに詳述。

(2)どの本に、どんなノウハウが書かれているのかを洗い出す

　100冊を丁寧に読み込んで、時間管理のノウハウ（コツ・要点）を抜き出していく（2000個以上のノウハウが集まりました）。

(3)共通のノウハウをリスト化する

　表計算ソフトを使って、洗い出したノウハウを「似た内容（同じノウハウ）」ごとにリスト化。そのノウハウが掲載されていた本の「冊数」を数える。たとえば、

- 「スケジュールの立て方」について書いてあったのは、○冊
- 「ToDoリスト」について書いてあったのは、○冊
- 「休憩時間の取り方」について書いてあったのは、○冊
- 「ルーティン化」について書いてあったのは、○冊……など。

(4)ノウハウをランキング化する

　ノウハウを「掲載されていた冊数」によって順位づけする。

　この手順で作成したのが、次のページのランキングです。

発表！「時間術」大事な

本当に大切な７つの基本ルール

 「締め切り」の決め方で
充実度と達成度が変わる

 「優先順位」を
決めて行動する

 ゴールを起点に考える

 大事なことほど「朝」にやる

 完璧を目指すより、
まず「終わらせる」

 メールの処理に
時間をかけない

 「いつか」ではなく、
「今すぐ」始める

順ランキング　ベスト40！

時間効率の最大化「13のポイント」

8位	自分で何でもやりすぎない
9位	人生の空費「探す時間」は整理整頓で撲滅
10位	「やること」ではなく「やらないこと」を決める
11位	ルーティン化して、いちいち考えずに進める
12位	「何にどれくらい時間を使っているか」を把握する
13位	ToDoリストは活用法が命
14位	「バッファ」を意識的につくる
15位	スキマ時間・移動時間をムダにしない
16位	休憩時間や休暇は「先に」スケジュールに組み込む
17位	マルチタスクはしない
18位	睡眠時間は絶対に削らない
19位	スマホやテレビは、使いすぎない、見すぎない
20位	安請け合いせずに「断る」

限りある時間を大切にし、さらに人生を豊かにする「20のコツ」

21位	お金で「時間を買う」	31位	「ショートカットキー」「辞書機能」をマスターする
22位	午後のスタミナ切れは昼寝で防ぐ	32位	取りかかる前に作業時間を見積もる
23位	タスクを細分化して一歩ずつ取り組む	33位	1日の「時間割」をつくっておく
24位	「相手の時間」を奪わない	34位	時間の使い方もPDCAサイクルで改善
25位	「ひとりの時間」を持つ	35位	成長のために時間を使う
26位	集中できる環境をつくる	36位	まず「全体像」を描く
27位	中身がない・ムダな会議をなくす	37位	テレワークは「自分ルール」で生産性が上がる
28位	ささいなことで悩みすぎるのを賢く防ぐ	38位	ポモドーロ・テクニックで「ダラダラ」から抜け出す
29位	「好きなこと」に時間を使う	39位	心身の健康が結局すべての基本
30位	「明日やること」は前日の夜に考える	40位	すぐに終わることからどんどん片づける

◆ランキングの活かし方と、本書の構成

100冊から抽出した40項目を、本書では3つに分けました。

• 1～7位（➡Part. 1へ）

多くの著者が「大切だ」と説く7つのノウハウ。

「時間内に終わらない」「つい先延ばしをしてしまう」「何から手をつけていいかわからない」「やることが多すぎる」など、多くの人の悩みを解消する「基本ノウハウ」が集まりました。

この7つのノウハウを使って時間を管理すれば、**職場でも家庭でも学校でも、シーンを問わず時間を有効活用できます。**

• 8～20位（➡Part. 2へ）

「1位から7位まで」を理解した上で、さらに時間を上手に使うためのノウハウです。効率を上げる方法、予定通りに行動するコツなど、ムダと無理のない時間の使い方を紹介します。

• 21～40位（➡Part. 3へ）

休憩の取り方、集中力の高め方、デジタルツールの上手な使い方、会議の進行のしかた、PDCAサイクルの回し方をはじめとする具体的な時間の使い方や、人生を充実させるための「時間に関する考え方」について紹介します。「20位まで」をおさえた上で取り入れてみてください。

本書において、筆者の藤吉と小川は、ナビゲーター役です。**読者と同じ目線に立って、読者と同じ疑問を持って、100冊の要点を客観的に洗い出し、共通のノウハウを「大事な順」に並べまし**

た。

　項目ごとに完結しているため、どこから読んでいただいてもかまいません。それぞれのポイントを体系的に理解できます。

◆キーワード「共通のノウハウ」

　本書では、「複数の本で紹介されている共通のノウハウやルール、コツ」に注目し、まとめ直すという作業を行いました。

「へぇ〜、なるほど。Ａさんは朝の使い方を変えたら結果が出るようになったのか」
「おぉ、Ｂさんも重要な仕事ほど朝にしているのか」
「あ、まただ。この本にも『朝の過ごし方』について書かれてある。Ｃさんも『朝が大事』と言っているぞ」
「なんと！　Ｄさんも『朝活をしろ』と提案している」

　このように、「朝の使い方の重要性」について複数の本に書かれていたら、それは、時間術の本の著者の多くが認めた**「共通のノウハウ」**です。

> ●共通のノウハウ……経営者、コンサルタント、教育者、ジャーナリスト、評論家、作家など、「時間術の本」の著者の多くが大切にするノウハウのこと。100冊の中で、何度も目にしたノウハウ。

　複数の本に同じノウハウが書かれてあるのは、「それだけ大事だから」です。

100冊の中に、「1回」しか紹介されていないノウハウは、「著者独自のノウハウ」「その著者は大事だと思っているが、ほかの著者は重要視していないノウハウ」「限定的な場面でのみ効果のあるノウハウ」の可能性があります。

　100冊中「50冊」に書かれてあるノウハウと、100冊中「1冊」にしか書かれていないノウハウでは、「50冊」に書かれてあるノウハウのほうが身につきやすく、真似しやすく、多くの人に役立つノウハウであると解釈できます。

「1回しか紹介されていないノウハウよりも、複数の本に紹介されているノウハウを先に身につけたほうが、時間を上手に使えるようになる」と、私たちは考えています。

本書の9つのメリット

①集中力を高めて仕事効率をアップさせる方法が身につく。

②先延ばしグセが直って、「すぐに行動できる人」になれる。

③ワークライフバランス（仕事とプライベートの割合）が整う。

④無意味な時間、ムダな時間がなくなる。

⑤最短距離で目標を達成できる。

⑥「時間を大切にしたほうがいい理由」がわかる。

⑦他人に自分の時間を奪われること、他人の時間を奪うことがなくなる。

⑧「何をして、何をやらないか」が明確になる。

⑨「楽しい時間」「うれしい時間」が増える。

◆本書の対象者

　与えられた時間は平等で、誰にとっても1日は24時間です。本書は、職業・年齢・目的を限定せず、すべての人に役立つ「時間の上手な使い方」をまとめています。

- 仕事や家事に追われて、「自分の時間が持てない」と悩んでいる方
- 仕事と勉強、あるいは家庭との両立に難しさを感じている方
- 「やってみたいこと」がありながら、手がつけられない方
- スケジュール管理が上手にできない方
- 気がつくと1週間・1か月と時間がたってしまっているという方
- 残業や休日出勤の多い方
- SNSの利用時間が長い方
- より有意義に時間を使って、豊かな人生を送りたい方

「時間術の本はたくさんあって、どれを読んでいいかわからない」
「どの方法が自分に合っているのか、わからない」
「自分の時間の使い方は、どこに問題があるのかを知りたい」
「やりたいことがあるのだけれど、まとまった時間が取れない」
「プライベートが仕事の犠牲になっている」
　本書が、こうした悩みを持つ方の助力となれば、これほどうれしいことはありません。

株式会社文道　藤吉豊／小川真理子

Contents

Part.1　100冊を集めてわかった 本当に大切な「7つのルール」

ランキング 1〜7位

Part.2 100冊がすすめる 時間効率の最大化「13のポイント」

ランキング 8〜20位

Part.3 限りある時間を大切にし、さらに人生を豊かにする「20のコツ」

ランキング 21〜40位

Part.1

100冊を集めてわかった本当に大切な「7つのルール」

ランキング 1〜7位

「締め切り」の決め方で充実度と達成度が変わる

1位

▶ Point

1 実際の締め切り前に「自分の締め切り」を設定する

2 「始める時間」にも締め切りを

3 あいまいさをなくして、具体的に

4 「小さな締め切り」が前に進む力につながる

1位は「『締め切り』の決め方で（人生の）充実度と（目標の）達成度が変わる」です。時間術の名著100冊中51冊に、締め切りの大切さが述べられていました。締め切りが大切なのは、

「人は期限が決められていないと、なかなか行動に移せない」

「時間がいくらでもあると思うと、『きっちり終わらせる』という意識が希薄になる」

からです。

「仕事の終わりの時刻を決めておくと、『それまでに必ずやらなければならない！』という意識が働いて、集中して仕事をこなすことができるようになります」（山本憲明『「仕事が速い人」と「仕事が遅い人」の習慣』／明日香出版社）

51冊に書かれてあった「締め切りがもたらすメリット」をまとめると、次の7つになります。

締め切りがもたらす7つのメリット

①「そのうちやろう」という、先送りを避けることができる。

②締め切りまでに終わらせようとして、集中力が発揮される。

③締め切りが守れると、自信がつく。「次はもっと短い時間で終わらせよう」というやる気が出る。

④締め切りから逆算して計画を立てるため、時間のムダがない。

⑤「期限内に終わらせるにはどうしたらいいか」を考えるようになって、段取りがよくなる。改善が進む。

⑥期限を決めずにダラダラやるよりも、内容の質が高くなる。

⑦締め切りがあると必死に考えるため、新しいアイデア・ひらめき・解決策が見つかりやすい。

年間300回以上のセミナーをこなすインストラクターの箱田忠昭さんは、締め切りの必要性を次のように説明しています。

「期限がありますと、人はそこに向かって努力を傾けて、集中できるからです。棒高跳びのバーといっしょで、ただ『高く跳んでくれ』といってもなかなかジャンプできません。

目標や期限がありますと、何とかやり遂げられます」（『「できる人」の時間の使い方』／フォレスト出版）

---

1 実際の締め切り前に「自分の締め切り」を設定する

締め切りを設定する上で重要なのは、「**本来の締め切りよりも前倒しして、自分の締め切りを決める**」ことです。

どうして、締め切りを前倒しにする必要があるのでしょうか。

前倒しにしておけば、

「締め切り直前になって慌（あわ）てることがない」

「トラブルや変更に直面しても、落ち着いて対処できる」

「チェックの時間が取れるので、ミスを見逃しにくい」

「次の仕事の初動が早くなる」

からです。

締め切りを前倒しにする根拠として、100冊中6冊に紹介されていたのが、「パーキンソンの法則（第1法則）」です。

パーキンソンの法則とは、イギリスの歴史学者・政治学者であるシリル・ノースコート・パーキンソンが提唱した法則です。

●パーキンソンの法則（第1法則）……仕事の量は、完成のために与えられた時間をすべて満たすまで膨張する。

私たちには、与えられた時間をすべて使い果たそうとする傾向があります。時間があればあるほどダラダラしたり、やることを膨らませてしまう（余計な仕事を増やす）わけです。

「本当は30分で終わる仕事であっても、『3時間で仕上げてください』といわれたら、人は制限時間いっぱいに使ってしまうということです。

これは時間浪費の最（さい）たる例です」（山中恵美子（やまなかえみこ）『人生が劇的に変わる「瞬読式」時間術』／三笠書房）

「締め切りが先にあると思うと、無意識のうちにペースを落とし

たり、余計な作業を付け加えたりして、ちょうど締切日に終わるようにしてしまうのです」（堀正岳『ライフハック大全』／KADOKAWA）

　締め切りを前倒しにすれば、「ギリギリ行動」から抜け出すことが可能です。

　米国マイクロソフト本社でWindows95の開発に携わったエンジニアの中島聡さんは、「**仕事は締め切り前に終わらせる**」のが大前提と考えています。

「思わぬ追加の仕事のことを私は誤差と呼んでいます。誤差のせいで完成していたはずの仕事が完成しなかった経験はみなさんあると思います。

　こうした誤差による失敗はすべて、締め切り当日がゴールだと思っていることに起因しています」（『なぜ、あなたの仕事は終わらないのか』／文響社）

　時間の浪費や思わぬ追加の仕事による遅れを防ぐには、作業時間やタスクを膨張させないように、「**本来の締め切りよりも前に自分の締め切りを設定する**」のがポイントです。

② 「始める時間」にも締め切りを

　韓国で22万部のベストセラーになった、心理学博士のイ・ミンギュさんの『「後回し」にしない技術』（文響社）には、「**実行力に優れた人の心の中には、実は『ふたつの締め切り』がある**」と書かれてあります。

「**終了デッドライン**（Ending Deadline）」と「**開始デッドライン**（Starting

Deadline)」です。

　終了デッドラインとは「終わらせる時間」のこと、開始デッドラインとは「始める時間」のことです。

　始める時間が決まっていないと、取りかかるのが遅くなってしまい、締め切りに間に合わなくなるリスクが高くなります。

　著作家でビジネスコンサルタントの星渉さんも、『神時間力』（飛鳥新社）で、「よく多くの人間が『◯月◯日までにやろう』と締め切りを決めますが、あれはダメですよ」と述べ、ダメな理由として、「時間を確保するうえで大事なのは、『いつまでにやる』という締め切りを決めるだけではなく、『いつやるか』を決めること」と説明しています。

　締め切りに遅れてしまう原因のひとつは、「締め切り間際になってから慌てて取りかかる」ことです。締め切りに間に合わせるためには、「◯月◯日の◯時から手をつけよう」と、「始める時間」を意識することが大切です。

3 あいまいさをなくして、具体的に

　クリエイティブディレクターの水野学さんは、『いちばん大切なのに誰も教えてくれない段取りの教科書』（ダイヤモンド社）で、「締め切りを決めていたとしても、それが『あいまいな締め切り』であったなら、決めていないのと同じ」と述べています。

　水野学さんや前述の中島聡さんなど、著者の多くが「あいまい

なワード」として挙げているのが、「なる早（「なるべく早く」の省略語)」です。「なる早」には基準がありません。「なるべく」とはいつまでを指すのか、人によって解釈が異なります。

　時間は「数えられるもの」です。数えられるものに対しては、「なる早」「今日中」「今週中」「午後イチ」「朝イチ」「大至急」といった感覚的な表現を避け、数字を使って具体的に示します。**「いつまでにやるのか」「いつから始めるのか」「何をするのか」を「日付」と「時間」で確認する習慣を身につけましょう。**

✕ 締め切りがあいまい

「なる早で終わらせる」

「今日中に何とかしよう」

「手が空いたら始めよう」

○ 締め切りが具体的

「来週火曜日の午後１時までにプレゼン資料を作成する」

「今日の夕方５時までにこの本を読み終えよう」

「８月１日の午前９時から英語の勉強を始めよう」

4 「小さな締め切り」が前に進む力につながる

「小さな締め切り」とは、

「短く（細かく）区切った時間」

のことです。

拙著『「勉強法のベストセラー100冊」のポイントを1冊にまとめてみた。』（日経BP）の制作の際、勉強術の名著100冊を精読した結果、「人間の集中力は長く続かない」「集中力が続く時間には個人差はあるが、一般的には90分が限界と考えられている」ことが明らかになりました。

　したがって、**時間を短く区切ったほうが、集中力の高い状態を保つことができます。**

　「おすすめなのが、時間を15分に区切ることです。短く感じるかもしれませんが、集中すれば多くのことができます。

　また、60分、90分など比較的ロングスパンで区切ってしまうと、つい油断して、冒頭の15分、20分を無駄にしてしまう可能性があります」（大平信孝『やる気に頼らず「すぐやる人」になる37のコツ』／かんき出版）

　教育コンサルタントの塚本亮さんは、フルマラソンを例に、時間を区切ることの大切さを説明しています。

　「フルマラソンでは42.195キロを走るわけですが、このときも一気に長距離を走ろうとするのではなく、走る距離を短く区切り、それぞれの区間をどのぐらいのタイムで走ればよいのかを考えるなど、時間を意識することが大事です。（略）

　このように、小さな締め切りをどんどんつくって、短距離走を繰り返すようなイメージを持つと集中力が高まります」（『頭が冴える！　毎日が充実する！　スゴい早起き』／すばる舎）

✕ ロングスパンで区切る

午前9時から12時まで、プレゼン資料を作成する

〇 時間を短く区切る

9：00〜9：30／情報収集

9：30〜9：45／集めた情報の取捨選択

9：45〜10：15／資料に落とし込む内容の整理

10：15〜10：30／小休憩

10：30〜11：30／企画書のテンプレートに入力

11：30〜12：00／内容の推敲（見直し）➡資料完成

　時間を短く区切るときに活躍するのがタイマー（ストップウォッチ）です。塚本亮さん、大平信孝さん、樺沢紫苑さん、茂木健一郎さん、齋藤孝さん、池田貴将さんなど多くの著者が、タイマーを使って時間制限を設け、集中力を高めています。

「『この仕事を15分で終わらせる』『この仕事を45分で終わらせる』と制限時間を決めて、タイマーでカウントダウンします。

　制限時間を決めると、緊張の物質ノルアドレナリンが分泌されます。ノルアドレナリンが適度に分泌されると、集中力が高まり、仕事のパフォーマンスもアップします」（樺沢紫苑『今日がもっと楽しくなる行動最適化大全』／KADOKAWA）

※38位では、「ポモドーロ・テクニック」という、タイマーを使った集中方法を紹介しています。

「優先順位」を決めて行動する

Point

1. 緊急度×重要度＝優先度
2. 「簡単なこと」から手をつける
3. 納期と所要時間を踏まえて逆算する

　2位は、「『優先順位』を決めて行動する」です。

　優先順位に従って行動すると、

「何から始めるべきか、明確になる」

「目先の作業に追われず、大事なこと・やりたいことに手をつけられる」

「複数の作業に忙殺されず、やるべきことに集中できる」

「期限を守れる」

「残業時間が減る」

　といったメリットが期待できます。

　100冊には、

「頼まれごと（人を待たせていること）を優先する」

「楽しいこと、好きなことから取りかかる」

「偉い人順に優先順位をつける（会社の場合、社長からの依頼が最優先）」

「短時間で終わることから着手する」

　など、さまざまな優先順位のつけ方が掲載されていました。な

かでもとくに多かったのが、次の3つです。

- 緊急度と重要度を軸に決める。
- 難易度で決める。
- 納期と所要時間で決める。

それぞれ詳しく見ていきましょう。

1 緊急度×重要度＝優先度

100冊中17冊に紹介されていたのが、「緊急度と重要度で優先順位を決める方法」です。

●緊急度……すぐに対処が求められること（重要でないものも含まれる）

●重要度……結果に対する影響度が高いこと（中長期的な成否に関わること、自分にとって本当に大切なこと）

28ページの図は、「アイゼンハワー・マトリクス（ドワイト・D・アイゼンハワー第34代アメリカ合衆国大統領が活用した手法に基づく時間管理方法）」として、あるいはスティーブン・R・コヴィー博士が『7つの習慣』（キングベアー出版）で提唱した「時間管理のマトリックス」として紹介されていました。

アイゼンハワー元大統領の「緊急なものは重要ではなく、重要なものは決して緊急ではない」という発言を具体的な手法に落とし込んだのが、コヴィー博士の「時間管理のマトリックス」です。

マトリクスとは、2つ（または3つ）の軸で情報を分類することです。アイゼンハワー・マトリクス（時間管理のマトリックス）では、タスク（作業・課題のこと）を緊急度と重要度を軸に、4つの領域に分類します。

緊急度と重要度を軸に優先順位を決める

	緊急度が高い	緊急度が低い
重要度が高い	**第1領域** ・納期が迫っている案件 ・顧客からのクレーム対応 ・事故や災害の対応 ・突発的な人員不足 ・設備の故障 ・今後を左右する重要な会議 など	**第2領域** ・新規事業・新規顧客の開拓 ・品質向上の取り組み ・人材教育 ・顧客や取引先との関係づくり ・キャリアアップのための勉強 ・健康のための運動 ・家族や友人との時間 など
重要度が低い	**第3領域** ・重要でない電話 ・大量のメール処理 ・目的の決まっていない会議 ・突然の来客対応 ・不要な相談 ・中身のない報告書の作成 ・無意味な接待 など	**第4領域** ・うわさ話、世間話 ・何もしない移動時間や待ち時間 ・雑談だけの会議 ・必要以上の息抜き ・ぼーっとしている時間 など

- **第1領域**：緊急であり、重要であること
- **第2領域**：緊急ではないが、重要なこと
- **第3領域**：緊急であるが、重要でないこと
- **第4領域**：緊急でもなく、重要でもないこと

・第1領域と第4領域について

　この4つの領域でもっとも優先順位が高いのは、「第1領域」です。「緊急であり、重要であること」から着手します。

　もっとも優先順位が低いのは、第4領域です。「緊急でもなく、重要でもないこと」は、最後にやるか、「やらない」と決めます。

•第2領域と第3領域について

　では、第2領域と第3領域では、どちらを優先すべきでしょうか。

　答えは、第2領域の「緊急ではないが、重要なこと」です。

◆第3領域よりも第2領域を優先するおもな理由

- 自分自身の成長が望める。
- 会社の中長期的な利益に貢献する。
- 緊急になる前に解決できるので、第1領域が減る（時間に追われることが減る）。

　「わたしたち人間は、緊急の用件にはすぐ取り組めるのですが、重要なことや大切なことはあと回しにしてしまうクセがあるからです。

　人生において大事なのは、緊急のことではなく重要なことです」

（マツダミヒロ『朝1分間、30の習慣。』／すばる舎）

　「重要度が高い仕事を優先して片づけていると、緊急になる前に解決していくので、いつしか緊急の仕事が発生しなくなり、時間と労力を重要度の高いタスクに集中できる」（木下勝寿『時間最短化、成果最大化の法則』／ダイヤモンド社）

　第2領域は緊急性が低く、「すぐに始めなくても、今の状況が悪

化することはない」ため、後回しにしがちです。「時間が余ったときに取り組もう」とした結果、「手がつけられないまま」になってしまうのです。

　第２領域の時間を確保するには、**「あらかじめスケジュールを確保する」**ことがポイントです。「毎日、朝９時から10時までは、『緊急ではないが、重要なこと』に時間を使う」などと予定を決めておくと、先延ばしを防ぐことができます。

　第３領域の多くは、**「必要ではあるものの、見返りの少ないタスク」**（滝井いづみ『時間を「うまく使う人」と「追われる人」の習慣』／明日香出版社）です。

　緊急だからといって、必ずしも重要だとは限りません。第３領域に多くの時間を割いてしまうと、「時間をかけた割に、達成感が得られない」「急いで終わらせたのに、成果や結果には影響しない」ことになりかねません。

　Office Fontana 代表でタイムマネジメント・コーチの滝井いづみさんは、第３領域に関して、**「ここの時間はなるべく少なくするか、自動化や人に任せるなどして数を少なくしていきたいものです」**とアドバイスをしています。

　仮に、第１領域や第２領域のタスクが複数ある場合は、
「簡単にできるタスク（難易度の低いタスク）」
「作業時間が短いタスク」
　から先に取りかかります（「②『簡単なこと』から手をつける」で後述）。

　アイゼンハワー・マトリクス（時間管理のマトリックス）は、「今ある

仕事を分類し、無意味な作業を減らすための方法」として効果が期待できる一方で、「大きな問題が隠れているので注意が必要」と呼びかける著者もいます。

日本ビジネスメール協会の代表理事・平野友朗さんは、『仕事を高速化する「時間割」の作り方』（プレジデント社）で、「『今日が締め切りだから、緊急だ』という状態は、問題を先送りにした結果」と指摘した上で、「**本来であれば、全ての業務を前倒しして対応。そして、緊急の案件をほぼ抱えていないというのが理想の状態です。（略）緊急な案件となる前に、根回しをして未然に防ぐ。処理できるものは事前に処理する**」と述べています。

第1領域が最優先だからといって、第1領域に追われている状態は心理的に負荷がかかります。常に締め切りを抱えている状態から抜け出すには、重要度の高い案件を「前倒し」で進めて、緊急度の高い案件に追われないようにします。

② 「簡単なこと」から手をつける

どの仕事も緊急、どの仕事も重要だと思えるときは、「難易度の低い仕事」「やさしい仕事」「簡単な仕事」を優先します。

難易度の低い仕事を優先したほうがいい理由を、時間術の本の著者は次のように説明しています。

- すぐに結果が得られる。
- こなせる案件数、作業数が増える。
- リズムに乗れる。

インスピレーショナルスピーカーの水江卓也さんは、「すぐやれる度」を重視しています。

「テスト問題も同じです。難易度の高いものは解くのに時間がかかり、ほかの問題も残っていて焦ってしまいますよね。

そんなときは先に取りかかりやすいものからはじめて、徐々に気分が乗ってきたときに、難しい問題を解いていったほうが効率もいいです。（略）

最初の段階でつまずき動けなくなってしまうよりも、軽いものから取りかかりリズムに乗っていくことです」（『すぐやる習慣、はじめました。』／すばる舎）

3 納期と所要時間を踏まえて逆算する

「優先順位は納期で決める」と提案する著者もいます。

「私の場合、優先順位の軸は『納期』で決めています。『納期』、つまりそれが必要とされる『期限』です。

なぜ納期か。それは、どんな仕事にも仕上げなければならないデッドラインがあるはずだからです」（佐藤孝幸『仕事と勉強を両立させる時間術』／クロスメディア・パブリッシング）

「**現実的かつ実践的な優先順位は、締め切りであるデッドラインをもとに逆算すると決まります。その際、その仕事にかかる所要時間と他の人への依存**（例えば、上司への確認、レビューの依頼）**も考慮する必要があります**」（飯田剛弘『仕事は「段取りとスケジュール」で9割決まる！』／明日香出版社）

　マーケティング会社ビジネスファイターズ代表の飯田剛弘さんが指摘するように、納期で優先順位を決める場合は、その仕事にかかる所要時間を考慮します。

　たとえば、納期が迫っているけれど所要時間は短い「仕事A」と、納期は先だけれど所要時間が長い「仕事B」の2つを抱えていた場合、「納期が近い」という理由だけで「仕事A」から着手すると、「仕事B」が間に合わなくなる可能性があります。
　納期と所要時間を踏まえて、**「いつから、どの作業を始めたらいいか」を考えることで、段取りよく作業を終えることができます。**

　なお、「作業時間」の見積もり方については、32位の「取りかかる前に作業時間を見積もる」も参考にしてください。

ゴールを起点に考える

1 スケジュールは逆算思考で
2 スモールゴールを設定する
3 「SMARTの法則」で目標の質が上がる

3位は、「ゴールを起点に考える」です。

100冊中41冊に、

「目標（ゴール）を明確にすること」

「目標を起点にしてスケジュールを管理すること」

の必要性が書かれてありました。

「どこかへ行くときに、『何も考えずに家の玄関を出る』ことは、まずありませんよね。（略）

これは仕事においてもまったく同じで、最初に『どこに向かうのか』、つまり『この仕事のゴールはどういうものか』を明確にすることから始めましょう」（田中耕比古『仕事の「質」と「スピード」が上がる仕事の順番』／フォレスト出版）

どうして、目標を明確にしたほうがいいのでしょうか。時間術に長けた著者たちの考えをまとめると、次のようになります。

◆目標を明確にしたほうがいい理由

- 「いつまでにそれをするのか」という期限が決まるから。
- 目標達成に関係のない時間（ムダな作業）が減るから。
- 目標を達成するために「何を、どうすればいいか（＝手段、方法）」が決まるから。
- 目標から逆算してスケジュールを立てることで、「今日、何をすればいいか」が決まるから。
- 自分が（チームが）出すべき成果が明確になるから。
- ゴールを持つだけで幸福度が上がるから。
- 目標達成に向けた集中力が高くなるから。

「自分の中に、絶対にゴールを達成したい、と思える強い理由があり、その理由、欲しい結果にフォーカスしていれば、あなたは必要な行動を先送りすることなどなくなるでしょう。得たい結果に向けて、すぐに次々と行動を起こしていけるはずです」（マイケル・ボルダック『行動の科学』／フォレスト出版）

１ スケジュールは逆算思考で

　時間管理には、次の２つの考え方があります。「逆算思考」と「積み上げ思考」です。

> ●逆算思考……「未来」が起点。先にゴールを設定し、そのゴールから逆算して必要なプロセスを考える。最初に「いつまでに、何をする」と目標を決めてから、「目標を達成するには今、何をして、どのように進めていくのか」を選択する。

●積み上げ思考……「今」が起点。目の前のタスクにかかる時間を元に作業時間を積み上げる。実際に進めながら積み上がったものがゴールとなる。

　積み上げ思考には、
「小さな成長を積み重ねられる」
「現状のまま進んだ場合の未来を予測しやすい」
　といったメリットがあります。一方で、
「ゴールが定まっていないため、**時間がかかりすぎる**」
「目の前にあることを手当たり次第に片づけるため、**重要度が考慮されない**」
「目標までのプロセスを把握せずに行動するため、**ムダなプロセスを踏んでしまう**」
「**中長期的な成長が見込めない**」
　といったデメリットが際立っています。したがって、時間術の著者の多くは、「**時間管理は逆算思考が基本**」と口をそろえます。

「もし逆算せずに、スタート地点から一つひとつの工程を漫然と積み重ねていったとしたらどうなるでしょう？
　ゴール地点に到達する日は、人それぞれ、千差万別になってしまい、決められた期限が守れない人も出てくるはずです」（藤沢晃治『頭のいい段取りの技術』／日本実業出版社）

　レバレッジ・マネジメント（少ない労力で多くの成果をあげる考え方）のアドバイスを行う本田直之さんは、『レバレッジ時間術』（幻冬舎）で、「明日のことは今日の仕事が終わったら、来週のことは今週の

仕事が終わったら考える」という積み上げ型ではなく、「今日何を
すべきか、明日何をすべきかは、すべてゴールから逆算すること
で決まります」と述べています。

逆算思考のメリット

- 自分が取るべき具体的な行動（いつまでに、何をするか）がわかる。
- 優先順位が明確になる。
- 目標と現状の差（何が足りないか）がわかる。
- 進捗状況が把握しやすい。
- 時間のムダ、作業のムダが省ける。
- 計画や行動を先延ばしすることがない。
- 重要度の高いタスクに注力できる。

　時間術の名著100冊を参考に、逆算思考によるスケジュールの
立て方を整理してみました。

◆逆算思考の6つのステップ

（1）明確なゴールを設定する

　期日と目標を具体的にする。

　　例：○月○日までに、売上を20％アップさせる。

（2）目標を達成するための課題を洗い出す

　どんな取り組みが必要かを明確にする。

　　例：新規顧客を○件開拓する。

　　　　既存顧客の顧客単価をアップさせる。

新製品、新サービスを投入する。

商圏を拡大する。

(3) 課題に優先順位をつける

(2)で洗い出した課題のうち、優先度の低いものや難易度の高いものは、後回しにするか、「やらない」と決める。

例：既存顧客の顧客単価のアップが最優先。

新規エリアでのセールスはしない。

(4) 細分化する

やるべきことを、月単位、週単位、1日単位に落とし込み、行動計画を立てる。

例：毎月、〇件の新規顧客を獲得する。そのために、毎週〇件のアポイントを取る。

毎週、〇件の既存顧客に対し、アップセル（上位商品を提案）とクロスセル（関連商品を提案）をする。

毎日、〇件の訪問営業をする。

(5) 実行に移す

行動計画に従って進める。

(6) 進捗状況を振り返り、改善・調整する

定期的に、進捗状況を確認しながら、「どのくらい進んでいるか？」を振り返る。スケジュール通りに進まなかった場合は原因を明らかにして、対策を考える。スケジュールを見直して、適宜、調整する。

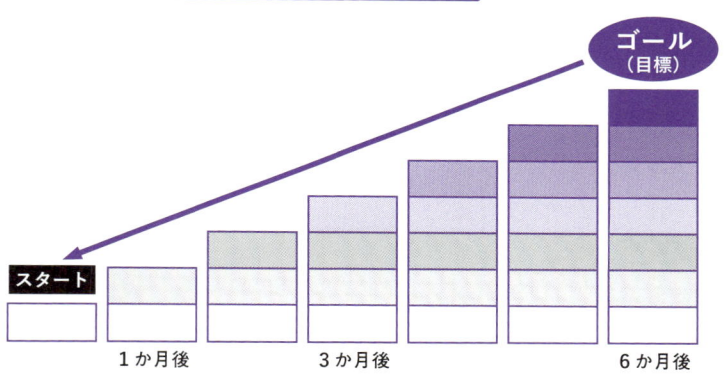

ゴール（目標）から逆算して計画を立てる

ゴール（目標）

スタート

1か月後　　　　3か月後　　　　6か月後

目標を達成するための必要な要素を洗い出したあと、
優先順位をつけ、「いつまでに何をするのか」を具体的にする

2 スモールゴールを設定する

　ゴールまでの距離が遠かったり（目標達成までの期間が長い）、目標が大きかったりすると、具体的に考えることができず、「目標を明確にすることのメリット」を感じにくくなってしまいます。その場合には、

「最終ゴールとスタート地点との間に、中間目標をいくつか設定する」

「大きな目標を、頑張れば達成できそうと思えるくらいまで、小さな目標に分解する」

　と、着実に前進できます。

× 目標達成までの期間が長すぎる／目標が大きすぎる

- 30年かけて老後資金2000万円を準備する。
- 1億円貯める。

○ 小さな目標／頑張れば達成できる目標に分解する

- 毎日200円節約する。
- 毎月5万円貯金する。

　メンタリスト DaiGo さんは、達成できる小さな目標（=スモールゴール）を設定する効果を次のように述べています。

　「いきなり『30年後をイメージしろ』と言われてもピンときませんが、1日単位で考えると急に現実味が出るため、自分のなかに余裕のある時間感覚が育ちます。そのおかげで不安とストレスが消え、結果としてモチベーションもアップするわけです」（『週40時間の自由をつくる超時間術』／実務教育出版）

　「いきなり大きな目標を設定するのではなく、最初のゴール設定は『頑張れば達成できる』ような具体的な目標にすることで、成功体験を積むことが大切です」（池田貴将『タイムマネジメント大全』／大和書房）

③ 「SMART の法則」で目標の質が上がる

　目標設定のフレームワーク（物事を考える枠組み）として複数の本で紹介されていたのが、「SMART の法則」です。SMART の法則は、コンサルタントのジョージ・T・ドランが1981年に提唱したもの

で、次の5つの基準を用いて目標を設定します。

◆ SMART の法則

- Specific（具体的な目標）
- Measurable（測定可能な目標）
- Achievable（達成可能な目標）
- Relevant（関連性のある目標）
- Time-bound（期限が明確な目標）

SMART の法則を活用した目標設定の例

- **具体的な目標**

食事と運動を改善して、3か月で体重を3kg減らす。

- **測定可能な目標**

平均で「1日1万歩」歩く／スイーツを食べる回数は週2回までにする／毎日、体重と体脂肪率を記録する。

- **達成可能な目標**

帰宅時は、ひと駅手前の駅で降りて歩く／週に2回スポーツクラブに通って、筋トレをする。

- **関連性のある目標**

体重を落とすだけでなく、筋肉量を増やす／筋力がアップしたらテニスを始める。

- **期限が明確な目標**

4月から6月までの3か月間で、目標を達成する。

大事なことほど「朝」にやる

4位

▶ Point

1. 朝は人生のゴールデンタイム
2. 重要度の高いことは朝にやる
3. 早起きを習慣に

4位は、「大事なことほど『朝』にやる」です。

100冊中39冊に、「朝の時間の使い方」について書かれてありました。時間術の著者の多くが、

「朝の時間の使い方を工夫したほうがいい」

「朝の過ごし方次第で、1日の時間の使い方が変わる」

「朝イチの脳は処理能力に優れている」

と、朝の大切さを述べています。

◆朝の時間が大切な理由

- 起床後数時間は頭がフレッシュな状態なので、集中しやすい。
- 1日のスタートを気持ちよく過ごすと、日中もポジティブでいられる。
- 朝は時間が限られているので、ダラダラすることがない。
- 誰にも邪魔されないひとりの時間が過ごせる。
- 朝日を浴びると、「セロトニン」が分泌される。セロトニンは「幸せホルモン」とも呼ばれ、精神を安定させて幸福感を得やす

くする作用がある。
• 早朝は通勤電車も混んでいないため、席に座って本や資料を読むこともできる。
• 直感力や発想力が高まり、アイデアが浮かびやすい。

「十分な睡眠をとった朝、疲労は回復し、ストレスは減少している。当然、考え方が柔軟になっている。

さらには、寝る前までああでもない、こうでもないと考えていたいろいろなことが、ひとたび忘れ去られて、邪念がなくなり、直観的に大切なことだけが浮かんでくるように思う」（宮西ナオ子『朝2時間早く起きれば人生が変わる！』／三笠書房）

1 朝は人生のゴールデンタイム

時間術の著者の多くが、「朝目覚めてからの2、3時間（著者によっては3、4時間）は脳が活発に働く」と述べていて、この時間帯を「ゴールデンタイム」と呼んでいます。

「1日の中で集中力が高まる時間帯は朝です。特に、目覚めてからの3時間は『脳のゴールデンタイム』と呼ばれ、集中力が最高レベルに達します。朝の1時間は、夜の1時間の4倍の価値があると言います」（吉武麻子『目標や夢が達成できる1年・1カ月・1週間・1日の時間術』／かんき出版）

「人間の意志力や思考力は、起床してから時間が過ぎるにつれて低下していきます。

実際に、人間の脳にとって１日でもっとも生産性の高い『ゴールデンタイム』は、起床後３〜４時間と言われています」(尾石晴【ワーママはる】『やめる時間術』／実業之日本社)

　起床後に集中力が高くなる理由を精神科医の樺沢紫苑さんは、次のように説明しています。
　「まず、睡眠中に私たちの頭の中は整理整頓されます。夢によって、『前日の出来事』の記憶が整理整頓され、朝起きた直後の脳は、『片づけられて何も載っていないまっさらな机』のような状態になります。(略)
　広々と作業スペースを使えて、仕事の効率も抜群にはかどります」(『脳のパフォーマンスを最大まで引き出す神・時間術』／大和書房)

　人間には、「サーカディアンリズム(概日リズム)」と呼ばれる体内時計があって、「地球の自転による24時間周期の昼夜変化に同調して、ほぼ１日の周期で体内環境を積極的に変化させる機能」(厚生労働省「e-ヘルスネット」)を持っています。脳の働きも同様で、夜は自然と集中力が低下します。太陽の動きに合わせて生活することで、限られた時間をより有意義に活用しやすくなるのです。

2 重要度の高いことは朝にやる

　朝は、１日でもっとも集中力が高くなります。この時間帯に、
「テレビやスマホを見ながらダラダラ過ごす」
「朝の時間の大部分を身支度や通勤時間に取られる」
のはもったいない、と多くの著者が指摘しています。

　朝の時間帯は、
「自分にとって大切なこと」
「目標に直結していること」
「集中力を必要とする負荷のかかる仕事」
　に使うと、時間効率を高めることができます。

　時間の使い方が上手な人は、朝のゴールデンタイムをどのように過ごしているのでしょうか。
　100冊の著者が実践している「朝時間の使い方」をまとめてみました。

◆ゴールデンタイムをムダにしない朝時間の使い方

・「緊急ではないが、重要な仕事」に取り組む

「緊急ではないが、重要な仕事」には期限がないため、先延ばしにしがちです。1日のスタートに「緊急ではないが、重要な仕事」に取り組むと、会社や個人の成長をうながすことができます。

・会社の始業前に資格試験の勉強をする

「仮に毎日2時間の早朝勉強でも、半年続けたら360時間。これは『宅建士合格』に必要な一般的な勉強時間といわれる長さです。(略)

　私にいわせれば『勉強のゴールデンタイムは早朝』です」(臼井由妃『55歳からやりたいことを全部やる！　時間術』／日経BP日本経済新聞出版)

　ただし、難易度が高すぎると手が止まってしまうことがあります。資格試験の勉強をするのであれば、まずは簡単な復習やテキストの見直しなどから始めましょう。

- **企画の立案をする**

　朝は発想力がアップするので、クリエイティブな作業に適しています。

- **ルーティンワークをまとめてこなす**

　日本ファイナンシャルアカデミーの代表を務める泉正人さんは、ルーティンワークをまとめて処理すると、次の３つのメリットが得られると述べています。

「1　メールや電話など、邪魔が入らないので集中しやすい

　2　細かい作業をひとまとめにすることで集中力が切れない

　3　その結果、タスクが朝に片づくので、その後の思考系の作業に集中できる」（『最新「仕組み」仕事術』／ディスカヴァー・トゥエンティワン）

- **前日積み残した大事な仕事を就業時間前に終わらせる**

　残業中は脳の生産性が落ちるため、早く帰って早く就寝し、翌朝に回します。残業をするより、朝の時間に作業をしたほうが、短時間で終わらせることができます。

- **情報収集をする**

　元LINE代表取締役社長の森川亮さんは、情報収集に時間が取られている人に向けて、「日頃の情報収集は朝10分」とアドバイスしています。

「私は情報収集の時間は朝に確保しています。

　チェックするのは10件くらいのニュースサイトと紙の新聞。量

は多いかもしれませんが、基本的には見出し読みなので、その場でじっくり読む記事は多くありません」（『すべての仕事は10分で終わる』／SBクリエイティブ）

　情報収集をするときは、漫然とニュースサイトなどを見るのではなく、
「必要な情報（学びのある情報）以外は読まない」
「自分の専門領域以外の情報は読まない」
　ようにすると時間をムダにしません。

・ウォーキングやストレッチをする
「仕事や勉強をする前に軽い運動をすると、さらに脳が活発に動くようになる」という意見もありました。
　コンサルタントの安田正さんは、脳の働きをピークまで高めるために、「ウォーキング」をすすめています。
「朝起きてすぐにエンジン全開にできる人はいません。体は起きても、脳はまだ眠った状態です。（略）
　そこで、気持ちよく起きるために、ちょっとした『儀式』を行ないます」（『面白いほど役に立つ図解超一流の時間力』／日本文芸社）と述べ、おすすめの儀式として、「小一時間のウォーキング」を挙げています。

◆朝のウォーキングの効果
- 脳が刺激され、脳全体が覚醒する。
- メラトニン（眠りを誘うホルモン）が抑制され、目が覚める。

③ 早起きを習慣に

　朝の時間を使いこなすには、「早起きをして、時間を増やす」ことが前提です。

　「遅寝をして朝がつらくて仕方がないという人も、朝早く起きられたら毎日がもっと充実するだろうなと思いつつ起きられない人も、とにかく今より二時間早く目覚ましをセットして眠りにつこう」（宮西ナオ子『朝2時間早く起きれば人生が変わる！』／三笠書房）

　時間術の名著100冊に掲載されていた「早起きのコツ」の中で、もっとも多く紹介されていたのが、「早く寝ること」です。100冊の著者の多くが、
「早く起きたいのであれば、早く寝ることに注力すべき」
「寝る時間がバラバラだと睡眠不足になり、早起きが続かない」
　と考えています。

　「早起きは『寝る時間にフォーカス』することがとても大切です。『早く寝れば早く起きられる！』これが原理原則です。
　これを無視して何か魔法があるのではないかと思うから、早起きが複雑で難しくなっていきます」（古川武士『人生の主導権を取り戻す「早起き」の技術』／大和書房）

　起床時間と適正睡眠時間から、「何時に寝るか」「何時に帰宅するか」「何時に仕事を終えるか」を逆算して考えます。

朝5時30分に起床して、7時30分まで資格試験の勉強をする。その後、出社する。

↓

適正睡眠時間（成人の場合、おおよそ6～8時間／『良い睡眠の概要（案）』厚生労働省／睡眠時間については18位で詳述）を確保するには、何時に寝ればよいかを考える。

↓

適正睡眠時間が7時間の場合、夜10時30分には寝る。10時30分に寝るためには、遅くまで仕事をしない。就寝時間が遅くなると、早起きできたとしても睡眠不足になり、日中のパフォーマンスが下がる。

「早起きがつらい」のは、今も昔も同じです。第16代ローマ皇帝、マルクス・アウレーリウス（紀元121～180年）は、『自省録』（岩波書店）で、次のように自分を戒めています。

「明けがたに起きにくいときには、つぎの思いを念頭に用意しておくがよい。『人間のつとめを果すために私は起きるのだ。』自分がそのために生まれ、そのためにこの世にきた役目をしに行くのを、まだぶつぶついっているのか」

完璧を目指すより、まず「終わらせる」

5位

Point

1 「完成度80点」がひとつの目安
2 見切り発車でも走り出す
3 相手の「満足ライン」を把握する

　5位は、「完璧を目指すより、まず『終わらせる』」。完璧を目指す（＝完璧主義）とは、

「最初から100点の結果を求める」

「時間がかかっても、納得できるまで質を高める」

　ことです。時間術の著者の多くは、

「完璧を求めるのはやめよう」

「完成度よりもスピードを重視しよう」

「いいものをつくること以上に、締め切りを守ることが大事」

　と主張しています。

　ライフネット生命の創業者で、立命館アジア太平洋大学の元学長・出口治明さんは、

- 丁寧に時間をかけて、締め切りの日にレポートを提出したＡさん

- 必要最低限の資料しか添付されていないけれど、仕上がり次第すぐにレポートを提出したＢさん

　の２人の部下がいたとき、「仕上がり次第すぐにレポートを提出したＢさん」を評価するそうです。理由は、「できあがりが早い分、修正の時間を十分に取ることができる」「『完璧』は作った本人の視点での『完璧』」にすぎないからです。

「これまでの日本の会社では、ともすれば、時間をかけてもミスのない完璧なものを作ることが重要だと考えられてきました。しかし、それは時間も経営資源も無限だという誤解から生じたムダのひとつです」（出口治明『僕が大切にしてきた仕事の超基本50』／朝日新聞出版）

　完璧主義は、どうしてよくないのでしょうか。著者たちの考えを以下にまとめます。

完璧主義のデメリット

- スピードよりも質を重視するため、**締め切りギリギリになる**（締め切りが守れなくなる）。
- 考え込んでしまい、**取りかかるのが遅くなる**。
- 100点を目指している人にとって90点は失敗なので、**自信喪失につながりやすい**。
- ひとつの仕事にこだわるため、**こなせる仕事量が増えない**。
- 仕事が終わったあとに「もっとよい結果になったはずだ」と**後悔しやすい**。
- 一度始めたことを「やめる」という**決断ができない**。
- 「自分でやったほうが質は高くなる」と考え、**人に任せることができない**。

- 自分の失敗やミスを許容できないため、**ストレスや不安を抱えやすい。**
- 相手にも100点を求める。自分のやり方が正しいと考えているため、**他人のやり方を否定しやすい。**

出版点数1100冊以上のベストセラー作家・中谷彰宏さんは、「間違えたくないから」という考え方が仕事を遅くしていると述べています。

「遅くなる人の理由は、『間違えたくないから』です。（略）

一流の人は『間違えたら直せばいい。でも、遅くなったものは取り返せない。遅くなって間違えたら直しようがない』と考えるのです。

『間違えた』というのはまったく悪くありません。

遅れるほうが罪は重いです」（『一流の時間の使い方』／リベラル社）

完全主義をやめるために大切なのは、100点を取ることではなく、**「決められた時間や条件の中で、合格点を取ること」** です。

「カンペキ主義になってしまうと最初の一歩がなかなか踏み出せなくなります。カンペキは追求し出すとキリがありませんし、特にメールなど相手があるものは、正解などないに等しいので、できる範囲でベターな選択をするべきでしょう」（佐々木正悟『先送りせずにすぐやる人に変わる方法』／KADOKAWA）

「作家である私は、一冊の本に時間をかけようと思えば、いくらだってかけられる。（略）しかし、いつまで経っても出版されない

本より、不完全でも出版された本のほうが、世間にとっては価値があるのだ」（ケビン・クルーズ『1440分の使い方』／パンローリング）

1 「完成度80点」がひとつの目安

　完璧主義者にならないためには、100点を目指さないこと。「80点でOK」と、合格ラインを低めに設定します。

　仕事や計画に完璧はありません。自分では理想通りの結果が出せたと思っていても、それが相手の理想と一致するとは限りません。
　だとすれば、「時間ギリギリまで粘って自分の100点を目指す」ことよりも、「**80点でいいので、できるだけ早く終わらせる**（前倒しして提出する）」ことが大切です。

　社会派ブロガーのちきりんさんは、「学習曲線」という概念を用いながら、「頑張れば頑張るほど結果はよくなる」という考え方は合理性を欠いていると指摘します。
　「**この曲線が示しているのは、ゼロから8割のデキまでは2割くらいの時間で到達できるけれど、残りの2割を仕上げて完璧を目指すには、今までの4倍**（8割分）**もの時間がさらに必要になるということです**」（『自分の時間を取り戻そう』／ダイヤモンド社）
　ちきりんさんが「学習曲線のイメージ」として紹介しているのは、次のようなグラフです。

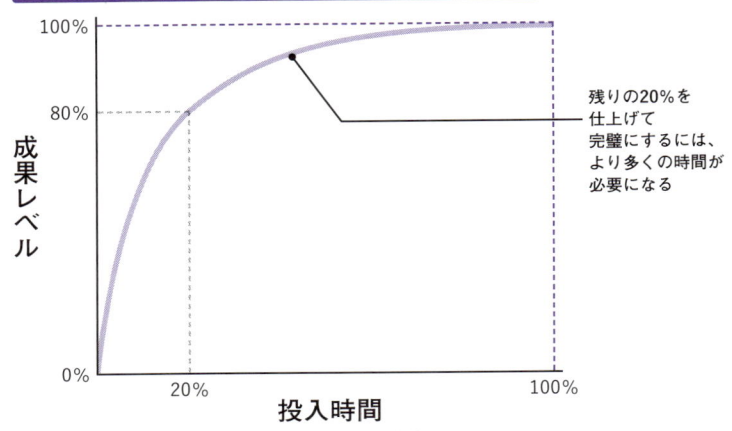

80%の成果までは20%の時間で到達できる

成果レベル（縦軸）
- 100%
- 80%
- 0%

投入時間（横軸）
- 20%
- 100%

残りの20%を
仕上げて
完璧にするには、
より多くの時間が
必要になる

※『自分の時間を取り戻そう』（ダイヤモンド社）を参考に制作。

「70点で合格の資格試験」を受けるのであれば、100点を狙う必要はありません。試験を受ける目的は「合格」することであって、100点を取ることではないからです。

100点で合格しても70点で合格しても、同じ合格です。100点を取ったからといって、70点で合格した人よりも評価が高くなることはありません。**100点にこだわって、膨大な時間を勉強に費やす必要はないわけです。**

2 見切り発車でも走り出す

時間術の著者の多くが「80点でよし」とするのは、80点でもいいので早く仕上げて、

「足りないものがあれば、あとで上乗せする」

「実際に運用しながら改善を繰り返す」
「早めにミスを発見して、修正をする」
　ほうが、**結果的に完成度は高くなる**からです。

　武蔵野大学アントレプレナーシップ学部の学部長・伊藤羊一さんは、自動車開発を例に、「**大事なのは、まず形にしてみて、そこからトライアンドエラーを繰り返していくことなのです。（略）まずは形にして、走行テストを繰り返す。すると、多くの検証データが集まってくる。そのデータをもとに改善策を議論し、実行する**」（『0秒で動け』／SBクリエイティブ）と述べ、修正を加えながら完成度を高めていく手法を評価しています。

　スタートを切るときも、スピード重視です。準備に時間をかけすぎない。「100点の計画を立ててから実行に移そう」「事前準備を完璧に済ませてから行動しよう」と考えていると、スピード感が損なわれます。
　準備が完璧でなくても、見切り発車ですぐに実行に移す。そして、実行しながら修正をしていきます。

　公認会計士の金川顕教さんは、『すごい効率化』（KADOKAWA）で**「50%くらいの段階で見切り発車していい」**と述べています。実際にやっていく中で身につくことが多いからです。
「**やるとなったら、だいたいまだ6、7割も概要をつかんでいないうちに走り出します。感覚的には、半分わかっていて、半分まだわかっていない、50%くらいの段階で見切り発車していいと思います**」

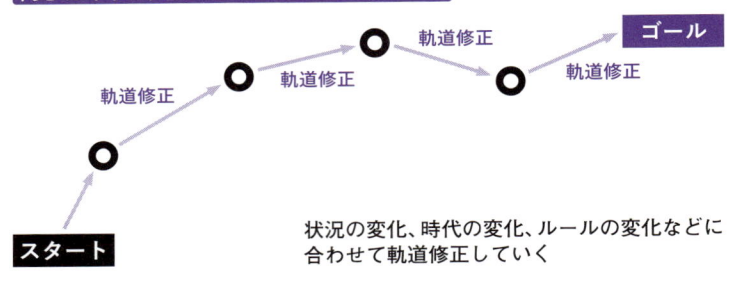

「見切り発車」で進めたほうが効率的

軌道修正　軌道修正　軌道修正　ゴール　軌道修正

スタート

状況の変化、時代の変化、ルールの変化などに合わせて軌道修正していく

③ 相手の「満足ライン」を把握する

　出口治明さんが、「『完璧』は作った本人の視点での『完璧』」にすぎないと指摘するように、自分にとっての100点が、相手にとっても100点だとは限りません。

　重要なのは、自分にとっての100点を目指すことではなく、相手が満足するクオリティを求めることであり、相手の期待に応えることです。

　求められている以上の質にするために、時間を費やす必要はありません。

過剰品質の例

- 社内会議の資料の体裁に時間をかける。
- ビジネスメールの返信を丁寧に書きすぎる。
- 電話なら数分で終わる用件を、文書で伝えようとして時間がかかる。
- プレゼン資料の写真の配置をミリ単位でこだわる。

「顧客によっては一刻も早くほしい場合もあるし、顧客の利益に直結しない丁寧さを必ずしも評価してくれないことも多い。(略)だから、やみくもに丁寧にするのではなく、バランスを考え、顧客にとって本当に意味のあるところを集中的に丁寧にすればよいと考えてはどうだろうか」(赤羽雄二『速さは全てを解決する』／ダイヤモンド社)

　相手が求めていないことに時間を使わないためには、相手の満足ライン(相手が求めている合格ライン)を把握する必要があります。そのためには、

• この仕事の目的は何か
• 一番大切な要素、抜いてはいけない要素は何なのか
• 外してはいけないポイントはどこか
• どこまでのレベルを求めているか
• 締め切りはいつまでか
　を相手に確認することがポイントです。

メールの処理に時間をかけない

6位

Point

1. メールタイムを決めておく
2. 返信は「読んだらすぐ」に
3. メール作成を効率化する

　6位は、「メールの処理に時間をかけない」です。

　100冊中37冊に、「メールに費やす時間を減らすべき」と書かれてありました。

　日本ビジネスメール協会が発表した「ビジネスメール実態調査2024」によると、ビジネスパーソンは、1日平均「12.27通のメールを送信」、「47.83通のメールを受信」しています。メールを1通書くのにかかる平均時間は5分57秒、メールを1通読むのにかかる平均時間は1分27秒です。

　ここでは簡単に、1日に送信するメールを12通（1通あたりの書く時間は6分）、受信するメールを48通（すべてのメールに目を通すと仮定、1通あたりの読む時間は1分30秒）として計算すると、

- **メールを書く時間**　12通×6分＝**72分**
- **メールを読む時間**　48通×1分30秒＝**72分**
- **メールの送受信にかかる時間**　72分＋72分＝**2時間24分**

　ビジネスパーソンは、1日平均で「2時間24分」も、メールの処理に時間をかけています。

「いつしか、メールは僕らの手に負えなくなった。仕事に集中できるようにメールを片づけているはずが、メールの処理が本業のようになってきた。
　早く返信すればするほど、ますます返信が殺到し、すばやい返信を期待されるという悪循環に陥っていった」（ジェイク・ナップ、ジョン・ゼラツキー『時間術大全』／ダイヤモンド社）

　メールの処理に時間をかけすぎてしまうと、本来行わなければならない業務がおろそかになってしまいます。したがって、メールの送受信を効率化する対策を考えましょう。

① メールタイムを決めておく

　メールを受信するたびに返信していると、ほかの業務の手が止まってしまうため、時間術の著者の多くが、
「メールを処理する時間（＝メールタイム）を決めておく」
「メールチェックは1日2、3回（3、4回）程度に留める」
　ことをすすめています。

「メールが届くたびに、すぐさま返信するのも効率が悪いですが、移動中など空いている時間を使ってできるかぎりこまめに返信したり、1日のうちに何度かメールを返信する時間を決めて対応したりすることも大切です」（OJTソリューションズ『トヨタの段取り』／

KADOKAWA）

　メールを「手紙のように扱うと、気持ちが楽になる」と説く著者もいました。「郵便は1日1回しか配達されないが、それでも事足りる」からです。

　時間術の名著100冊に書かれてあった「メールタイムを決めるときのポイント」を整理してみます。

◆メールタイムを決めるときのポイント

・始業直後のメールチェックはしない

　朝の時間は、脳のゴールデンタイム（4位参照）です。ゴールデンタイムには、集中力を必要とする仕事や重要度の高い仕事を行います。

　どうしても出社直後にメールをチェックしなければいけない場合は、緊急性の高いメールだけ対応します。

　「集中力がみなぎっていて、仕事が進む午前中はゴールデンタイムです。

　メールをチェックする必要はあっても、重要ではないメールにまで時間を使うのはもったいない。メールのタイトルを見て、重要なメールだけを開きましょう」（石川和男（『仕事が速い人は、「これ」しかやらない』／PHP研究所）

・移動中やスキマ時間にチェックする

　短い返信を心がければ、移動中の返信も可能です。

- 退社時間の前に「メールタイム」をつくる

「退社時間の前にメールを処理する」と決めておけば、日中はそれ以外の仕事に集中できます。

- 1回の時間は「15分程度」にする

　メール処理にかける時間としてもっとも多かったのが、「1回15分」でした（15分の間に優先順位の高いメールから返信する。1日3回だと計45分）。

2 返信は「読んだらすぐ」に

　ビジネスマナーでは、「メールの返信は24時間以内が基本」とされていますが、時間術の著者の多くは、**「すぐに返信するのがベスト」**と考えています。

「すぐに返信する」といっても、「メールが届いたら、そのつどすぐに返信する」という意味ではありません。
「1日○回と決めてメールを読み、読んだらすぐに返信する」
という意味です。

◆メールを読んだらすぐに返信したほうがいい理由

- 放置しておくと、**返信を忘れてしまいかねない。**
- 時間がたってから返信しようとすると、もう一度**メールを読み直すことになり、二度手間になる。**
- 短い文面でもいいのですぐに返事をすると、**相手の信頼を得や**

すい（返信が遅くなると相手にストレスを与える）。

ひろゆき【西村博之】さんは、『なまけもの時間術』（学研プラス）で、「返信を後回しにしない」と述べています。

「『今じゃなくてもいいけど、いつかは返信しなくちゃいけないメール』なんかも、以前は３カ月ほったらかしみたいなことがありましたが、今は基本的に即レスです。

後回しにすると、いったん読んで理解したことでも、『もう一度思い返す』という二度手間が発生する。これも面倒だし時間のムダですよね」

③ メール作成を効率化する

メールを書く時間を短縮できれば、それだけ余裕時間が生まれます。

時間管理の達人たちが教える「短縮化のポイント」は、以下の４つです。

◆メール作成時間の短縮化　４つのポイント

（1）辞書登録をする

挨拶文、自分の名前、頻繁にメールをやりとりする相手の社名や名前を単語登録しておくと、入力がスムーズになる（辞書登録の例は、31位で紹介します）。

（2）長文を書かない

・**20行以内**に収まるように工夫する（10行以内が理想とする著者もいま

した）

- 複数のポイントをまとめるときは、**簡条書き**を使う
- **メール1通につき、ひとつの用件**にする
- **最初に結論**を述べる

といったことに気をつけて、簡潔に書く。

(3) 音声入力機能を利用する

音声入力はキーボードを打つより速い場合がある。

「まとまった時間を取らなくていい」「場所を選ばない」といった
メリットもある。

(4) 書くパターンを決めておく

ビジネスメールには、ある程度決まったパターン（流れや書くべき
要素）がある。

このパターンに沿って書けば、「何を、どの順番で書けばいいの
か」で悩むことがなくなる。

> **ビジネスメールの基本の流れ**
>
> 「件名→宛名→挨拶→名乗り（自社名、自分の名前）→用件（結論→
> 詳細）→結びの挨拶→署名」

スケジュール変更を例に、ビジネスメールの基本パターンを紹
介します。

- **件名**

◯◯のお打ち合わせ日時のご相談

- **宛名**

株式会社△△△

開発部　山田部長

- **挨拶**

お世話になっております。

- **名乗り**

株式会社××××の鈴木です。

- **用件**

「8月15日」でお約束いたしました打ち合わせ日時の件でご連絡いたしました。

大変恐縮ですが、すでに別件が入っておりました。

こちらの確認ミスで申し訳ありません。

日程の変更をお願いできないでしょうか。

厚かましくも打ち合わせ候補日時をお伝えいたします。

①◯月◯日 午後◯時以降

②◯月◯日 午後◯時以降

③◯月◯日 午後◯時以降

● 結びの挨拶

お手数をおかけいたしますが、何卒よろしくお願いいたします。

● 署名

株式会社××××

○○部 鈴木太郎

〒000-0000 東京都○○○○○○○○○○○○○○

TEL：00-0000-0000

Email：×××××＠××××

URL：https://××××.com/

◆メールの処理時間を短縮化するためのアイデア

- 完璧を目指して何度も見直す必要はない（過剰品質を避ける）。
- 不要なメルマガや営業メールは解除、配信停止にする（あるいは、ゴミ箱に入るように自動振り分けをする）。
- CCで届いたメールは読まない。
- 受信箱を開きっぱなしにしない。
- 通知機能をオフにする。
- メールと電話を使い分ける（複雑な内容になるようなら、電話のほうが速く、正確に伝わる）。
- 受信したメールを「差出人」によってフォルダ分けする。
- 差出人、件名で「読むか、読まないか」を即座に判断する。

※ビジネスメールの書き方を詳しく知りたい方は、拙著『「文章術のベストセラー100冊」のポイントを1冊にまとめてみた。』（日経BP）を参考にしてください。

「いつか」ではなく、「今すぐ」始める

Point

1. 無限に生まれる「できない理由」を賢くかわす
2. 「最初の一歩」に集中する
3. 「明日やろう」は自分への過信

　7位は、「『いつか』ではなく、『今すぐ』始める」です。

　時間術の著者の多くが、

「やりたいことがあるのなら、今すぐ始めるべき」

「いつかやろうの『いつか』はやってこない」

「もっとも実行に適した日は『今』」

　と指摘。**「明日」「いつか」「あとで」**と先送りグセのある人は、**「結局、やらずに終わりかねない」**と忠告しています。

　「私の座右の銘は、

　『いつか、いつかと 思うなら 今』

　です。

　『思いついたら、すぐにやる』のが、私の仕事のスタイルです。

（略）経営にスピードが必要なことは、誰でも知っています。でも、社長の多くは『スピード』の概念をはき違えています。スピードとは、『急いで作業すること』ではなく、

　『早くはじめること』

です」（小山昇『儲ける社長の24時間365日』／KADOKAWA）

「本当にやりたいことがあるのなら（創作活動でも、恋愛でも、社会運動でも）、確実にそれをやり遂げるための唯一の方法は、今すぐに、それを実行することだ。（略）

　今やらなければ、時間はないのだ」（オリバー・バークマン『限りある時間の使い方』／かんき出版）

　100冊の著者たちが考える「今すぐに始めたほうがいい理由」をまとめてみました。

◆先送りせず、すぐに始めたほうがいい7つの理由

(1)「やりたい」と思った瞬間がモチベーションのピークだから。

(2)「何か新しいことをしたい」と思ったときが、それを始める最適なタイミングだから。

(3)すぐに始めれば、うまくいかなくてもすぐに軌道修正できるから（うまくいかないときに、すぐにやめられるから）。

(4)時代の変化によって状況が変われば、やりたくてもできなくなってしまうから。

(5)「どうしよう？」と悩むことは、時間のムダでしかないから。

(6)体験の量が増えることで視野が広がり、選択肢が増えるから。

(7)「早くやっておけばよかった」と後悔しなくなるから。

1 無限に生まれる「できない理由」を賢くかわす

　100冊の著者の多くは、いつまでも行動に移せない人の共通点

として、「『〜だから〜できない』と、できない理由を並べたがる」と指摘しています。「時間がないからできない」「もう歳だからできない」と、**自分に制限をかけている**わけです。

　メル・ロビンズさん（アメリカのコンサルタント、コメンテーター）が提唱する「5秒ルール」を紹介しながら、「人間の脳はやらない理由を探したがる」と説明する著者もいました。「5秒ルール」とは、「何か行動を起こそうと思ったとき、5秒以上考えるとやらなくてもいい理由を探し出す」というルールです。

　時間がたてばたつほど「やらない理由」が増えていきます。したがって、「でも……」「そうはいっても……」「……だから」と考えすぎる前に、**「すぐに行動してみる」「とりあえずやってみる」ことが大切**です。

「ちょっとでもやってみたいと感じたら、やってみましょう。やる前に『やらない理由』を探さないこと。
『自転車通勤なんて、疲れるだけで絶対続かない』
『自分がこれを勉強したって、知識の使いどころがないしな』
**　こうしてブレーキをかけてきたことの中には『本当にやりたいこと』が隠れている可能性があります」**（石田淳『なぜ一流は「その時間」を作り出せるのか』／青春出版社）

「どうしてすぐやる人は夢が叶うのか。
**　それはさっさと夢を叶えないと、熱意が冷めてしまうからだ。**
**　（略）人は、疲れてくると夢を諦める理由を並べ立てる天才に豹**

変するから、夢は夢のまま幕を閉じるというわけだ。

モチベーションを落とさないコツは、何でもテキパキやることだ」（千田琢哉『自分の時間が３倍になる人生を変える時間術』／大和書房）

② 「最初の一歩」に集中する

「何となく大変そうだから」「何から取り組んでいいのかわからないから」といった不安や抵抗感が大きいときは、最初から大きな行動を取ろうとするのではなく、**「すぐにできること」「簡単なこと」**から始めてみましょう。

✕ 最初から大きな行動を取ろうとする

今年は本を100冊読もう

「100冊読むのは大変だ」という気持ちが先に立ち、読み始められない。

〇 すぐにできること／簡単なことから始める

積読になっている本を「３分だけ」読んでみよう

積読（入手した本を読むことなく積んだままにしている状態）になっている本ならば購入の手間はなく、読書時間が３分間だけなら忙しくても時間がつくれます。最初のハードルを下げれば、スタートが切りやすくなります。

「簡単なこと」「すぐにできること」を始めると、それをきっかけとして「もっと続けたい」という心理作用が働きます。100冊では、３つの効果・法則がその根拠として挙げられていました。

◉ツァイガルニク効果……「人間は達成できなかった物事や、中断・停滞している物事に対して、より強い記憶や印象を持つ」という効果。小さな一歩でも行動を起こせば、「やり残し感」が記憶に残り、続きをやりたくなる。

◉作業興奮……「いったんやり始めるとやる気が出てきて、作業を続けたくなる」効果のこと。

◉弾み車の法則……最初の弾みをつけるときがもっともエネルギーを使う。最初に弾みをつければ、あとは少しのエネルギーで簡単に進むことができる。

「失敗したらどうしよう」「結果が出なかったら恥ずかしい」と、**はじめから「悪い結果」を気にする人は、最初の一歩が踏み出しにくくなります。**そんなときは、

「結果はわからないのだから、まずはやってみよう」

「進めながら、いい結果が出るように修正すればいい」

　と考え、できることから取り組んでいきましょう。

③「明日やろう」は自分への過信

　年間1万人以上の講演会をプロデュースする小山竜央さんをはじめ、吉本総合芸能学院講師の本多正識さんなど、「明日の自分、未来の自分を信用してはいけない」と忠告する著者もいます。

「今の自分はすぐに始められないけど、明日の自分はきっとダイ

エットや禁煙、勉強をしてくれるだろうと信用しきっているのです。

　ところが、結果はどうでしょうか。いつも信用していた『明日の自分』に裏切られるという結末を迎えます。

『明日の自分』には、信用がないということを自覚するべきです。そもそも、今できないことは明日になってもできません」（小山竜央『5分の使い方で人生は変わる』／KADOKAWA）

「私は明日やろうと思ったことをできたことがありません。今はじめたことだけが私を形づくっています。

　今の自分には無理だと勝手に納得をして、未来の自分に期待するよりも、今の自分で挑戦してみる確率の方が圧倒的に高いです」（本多正識『1秒で答えをつくる力』／ダイヤモンド社）

「生きるうえでの最大の障害は期待である。期待は明日にすがりつき、今日を滅ぼすからだ。あなたは、運命の手の中にあるものを計画し、自分の手の中にあるものを取り逃がしてしまう」（セネカ『人生の短さについて　他2篇』／光文社）

　今日できない人が、明日できるようになることはありません。明日の自分が今日の自分よりも優れていることもありません。だとすれば、**1日でも早くスタートを切るべき**です。

時間を味方につけて、「資産」を増やす

　100冊の中には、『JUST KEEP BUYING』（ニック・マジューリ／ダイヤモンド社）をはじめ、「資産運用における時間とお金の関係性」について説明する良書もありました。

　資産運用では、「時間を味方につけることが大切である」と考えられています。
「時間を味方につける」とは、「**長期運用をして、じっくり資産を育てること**」です。
　時間術の名著が教える「時間を味方につけるポイント」を紹介します。

◆時間を味方につける3つのポイント
(1)できるだけ早く始めて長期運用する
(2)分散投資をする
(3)リバランスする

(1)できるだけ早く始めて長期運用する
　投資期間が長いほど、お金を増やしやすいといわれます。複利効果が働くからです。

　複利効果とは、「運用で得た利益（運用益）をさらなる運用に回す

ことで、利益が利益を生む効果」です。利子などの運用益を受け取らずに元本（元手となるお金）に加えて再投資するため、得られる利益が増えていきます。

　たとえば、元本100万円を金利（年利）5％で運用した場合、1年後には105万円になります（100万円の元本に対して、5万円の利子がつく）。

　増えた5万円を加えた105万円を元本として再び金利5％で運用すると、1年後には110万2500円になります。

　ここで増えた2500円は、5万円の運用益（利子）についた利子です。このように、利子にも利子がつくことを「複利」と呼び、運用期間が長くなるほど、より大きな効果を発揮します。

複利効果でお金を増やす

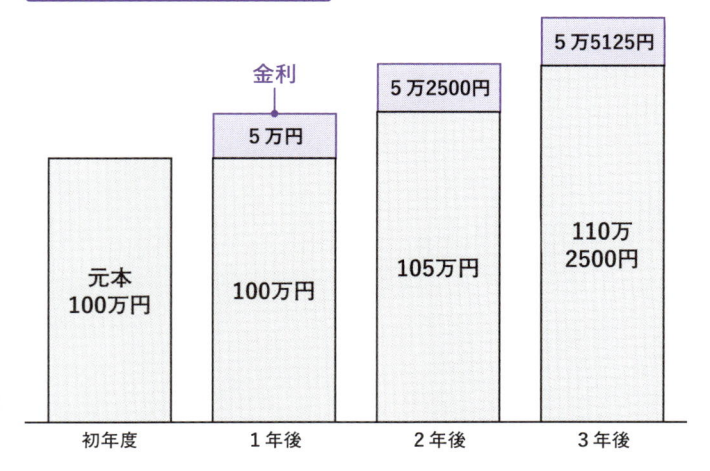

「ほとんどの市場は、ほとんどの期間上昇しているため、『できるだけ遅く売る』ことが最善策になる。つまり基本的に、すぐ売るより、時間をかけて少しずつ（またはできるだけ遅らせて一度に）売るほうがよい。（略）

　つまり、『早く買い、ゆっくり売る』のだ。

　これは投資の売買に関するあらゆるタイミングを判断する際の指針となる原則だ」（ニック・マジューリ『JUST KEEP BUYING』／ダイヤモンド社）

(2) 分散投資をする

　分散投資とは、「株式と債券」「国内と海外」など、複数の投資先に投資したり、投資するタイミングを分けることです。分散することで、すべての資産が一度に減るリスクを低くできます。

　金融商品の価格は変動するため、一度にまとめて投資するのではなく、「購入するタイミング（購入時期）を分けたほうがリスク分散できる」と考えられています。

　この投資方法は、「**ドル・コスト平均法**」とも呼ばれています。

　ドル・コスト平均法とは、同じ投資対象（金融商品）を一定の金額ずつ、定期的に購入する（積立投資をする）方法のことです。

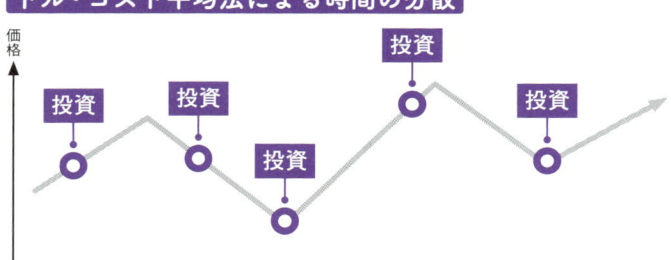

ドル・コスト平均法による時間の分散

積立投資をすると、

- **価格が上がる時期や下がる時期があっても、結果的に購入価格が平均化される**（割安で購入できる）
- **元本割れする**（損をする）**可能性が低くなる**

といったメリットがあります。

(3) リバランスする

複数の投資対象に分散投資をしている場合、金融商品の価格変動によって、時間の経過とともに当初の資産配分が崩れることがあります。崩れた資産配分を当初の比率に戻すことを「リバランス」といいます。リバランスを行うと、リスクを抑えてリターンを安定させる効果が期待できます。

リバランスには、おもに、

- **配分が増えすぎた資産を売却してバランスを整える**
- **資金を追加投入してバランスを整える**

という 2 つの方法があります。リバランスは、「半年ごと」「1年ごと」など、定期的に行うと効果的です。

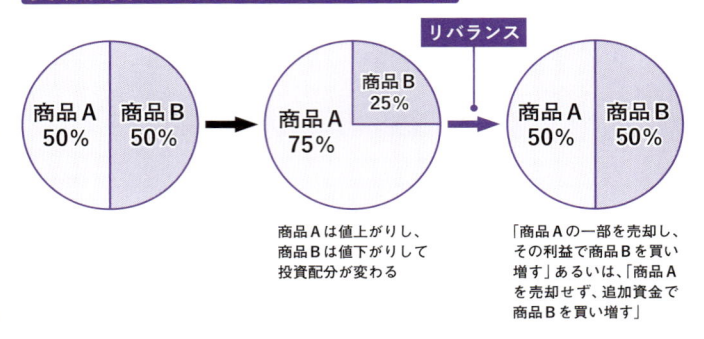

長期投資では定期的にリバランスを

リバランス

商品 A
50%
商品 B
50%

商品 A
75%
商品 B
25%

商品 A
50%
商品 B
50%

商品 A は値上がりし、
商品 B は値下がりして
投資配分が変わる

「商品 A の一部を売却し、
その利益で商品 B を買い
増す」あるいは、「商品 A
を売却せず、追加資金で
商品 B を買い増す」

　投資における時間の重要性は、拙著『「お金の増やし方のベストセラー100冊」のポイントを 1 冊にまとめてみた。』（日経BP）で詳しく紹介しています。

　誰にとっても平等に、常に流れ続けている時間を味方につけて、物心ともに豊かさを手に入れましょう。

Part.2

100冊がすすめる 時間効率の最大化 「13のポイント」

ランキング 8〜20位

自分で何でもやりすぎない

Point

1 **不得意なこと、自分以外でもできることは人に任せる**
2 **任せるときは具体的に**
3 **「人に頼む」ことに罪悪感はいらない**

　8位は「自分で何でもやりすぎない」です。

　時間術の名著100冊中35冊が、「すべてを自分でやろうとしない」「周囲を巻き込む」「他人の助けを借りる」など、「自分で何でもやりすぎない」ことの重要性を説いていました。

「私たちがあまりに多忙な日々を送らざるをえないのは多くの場合、あらゆることを自分でやろうとしすぎるのが原因だ。強力な人的ネットワークを築ければ、自分の肩にのしかかる負担をいくらか軽くできるだろう」（リンダ・グラットン『ワーク・シフト』／プレジデント社）

　なぜ、人の力を借りたほうがいいのでしょうか？　時間術の達人たちの意見をまとめると理由は次の4つです。

◆人の力を借りたほうがいい4つの理由

（1）専門的なことは専門知識がある人に任せたほうが、仕上がりがよく、効率的。

(2)ひとりで考えているより、知識のある人や先輩に聞いたほうが、仕事が早く済む。

(3)自分がやらなくてもいい仕事を人に任せると、やるべき仕事に集中できる。

(4)コストはかかっても、自分の自由な時間が得られる。

「基本的に、振れる仕事はすべて人に振るようにしています。

そうすることで、そのつど現場が判断するので、僕の拘束時間が減るというメリットもあります」（ひろゆき【西村博之】『なまけもの時間術』／学研プラス）

1 不得意なこと、自分以外でもできることは人に任せる

どのようなケースは人に任せたほうがいいのでしょうか？　おもに次の３つです。

◆人に任せたほうがいい３つのケース

(1)誰でもできる仕事

自分の仕事を「自分にしかできない仕事」と「ほかの人でも（誰でも）できる仕事」に分け、誰でもできる仕事は任せる。

「誰でもできる仕事は、部下などにどんどん振ってしまい、『自分にしかできない仕事』をやるようにしましょう。そうすることで、付加価値の高い仕事だけをすることができ、会社のため、ひいては社会のために役立つことができるのです」（山本憲明『「仕事が速い人」と「仕事が遅い人」の習慣』／明日香出版社）

(2) 自分が苦手・不得意なこと

「向き・不向きを判別し、自分にはできない、向いていない業務だと判断したなら、その分野の仕事は誰か別の得意な人に、できるだけお任せするようにしましょう。

　すべての領域の仕事を自分だけでやる必要はないのです」（山本大平『トヨタの会議は30分』／すばる舎）

(3) 行き詰まってきたとき

「私たちはつい、自分に任された仕事は自分の力だけで行なおうとします。（略）

　しかし、『その道の達人』といわれる人は、やはり、普通の人とは違います。私たちが何人集まっても出なかったアイデアを思いついたり、新しい視点で物事を見られる。それが、ミス撲滅の大きな一手となるのです」（飯野謙次『仕事が速いのにミスしない人は、何をしているのか？』／文響社）

　人に任せたほうがいい仕事には、具体的にどのようなものがあるのでしょうか。

　エッセイストの臼井由紀さんは、「任せやすい順」に次のような仕事を挙げています。

「①簡単な事務処理的なこと」

「②定型文やリストがあればできること」

「③部下・後輩の成長につながる資料の作成」

「④チームでやったほうがさまざまなアイデアが出るもの」

（『55歳からやりたいことを全部やる！　時間術』／日経BP日本経済新聞出版）

2 任せるときは具体的に

仕事を誰かに依頼する場合、依頼の仕方を工夫する必要があります。あいまいに依頼すると、期待していたものと違う成果物になる可能性があります。

飯田剛弘さんは、『仕事は「段取りとスケジュール」で9割決まる！』（明日香出版社）で次のように指摘しています。

「依頼した仕事がうまくいかないと、（略）もっともらしい言い訳や相手に非があることを強調し、誤魔化します。

これは、ハッキリ言ってしまえば、依頼者の力不足です。何を具体的に求めているのか、いつまでに完成させるのかを明確にし、依頼することが重要です」

◆人に仕事を依頼するときのポイント

• 具体的に依頼する

「何を」「どこまで」「いつまでに（締め切り）」「どんな形でほしいのか（完成のイメージ）」を明確に伝える。

• 早めに依頼する

相手の作業時間が取れるように早めに依頼する。

• 口頭では伝えない

相手が真剣に聞いていない場合もある。

• 謙虚に依頼する

相手が抱えている仕事量などを見極めた上で、謙虚な気持ちで依頼する。

- **相手のスキルを見極めた上で依頼する**
  スキル不足の場合、期待通りの成果物が上がってこない場合も。
- **進捗を確認する**
  頼みっぱなしではなく、途中で定期的に進捗状況を確認する。
- **感謝を伝える**
  依頼した仕事が終わったら、お礼を伝える。

③ 「人に頼む」ことに罪悪感はいらない

　人に任せることは大切です。
　しかし、実際は自分で仕事を抱え込んでいる人が少なくありません。

　「イギリスのある大学の調査によれば、事務系の職場の上司は、本来なら部下でもできる仕事の41％を自分で抱え込んでしまっているそうです」（石川和男『仕事が速い人は、「これ」しかやらない』／PHP研究所）

　なかには人に何かを頼むのが苦手な人もいます。
「やりたくないことを相手に押し付けているようで気が引ける」
「自分でやったほうが早い」
「自分のほうがうまくできる」
　と、人に任せずに、自分でやってしまう人もいます。

　しかし、**人に任せないことで相手の成長の機会を取り上げている可能性もあります。**また、何もかも自分でやってしまうことで、

時間を奪われ、効率が低下する場合もあります。人に任せるのは悪いことではないのです。

　タイムコーディネーターの吉武麻子さんは、『目標や夢が達成できる1年・1カ月・1週間・1日の時間術』（かんき出版）で次のように記しています。
「実は、抱え込んでおくことが、結果的に皆を不幸にする可能性もあります。
　自分以外の人の成長と活躍の機会を奪っているかもしれないのです。家庭でも職場でも、抱え込まずに誰もが担える環境づくりをしておくと、いざというときに助け合えます」

　研修トレーナーの伊庭正康さんも『できるリーダーは、「これ」しかやらない』（PHP研究所）で、次のように述べています。
「私が研修で耳にする部下の不満を紹介します。
『もっと、信頼して任せてほしい』『チームでできることはあると思うのに』──。
　つまり、もっと部下や仲間を頼ってもいい、ということなのです」

　誰かに仕事を任せたり、頼んだりすることは、自分の時間をつくるだけでなく、相手のためにもなっている可能性が少なくないのです。また、相手が協力したくなるように、普段からコミュニケーションを深めておくことも不可欠です。

9位 人生の空費「探す時間」は整理整頓で撲滅

Point

1 整理整頓の「5つの基本ルール」

2 探し物の削減はデスクの整理整頓から

3 デスクトップは必要なアイコンだけに

4 カバンの中は必要最低限にする

9位は「人生の空費『探す時間』は整理整頓で撲滅」です。

100冊の時間術の名著の多くに、**「ビジネスパーソンは年間150時間を探し物に費やしている」**というデータが掲載されていました。

「探す時間」は、時間の浪費になっているだけではありません。

「探す時間」のデメリット

- **時間の浪費**につながる。
- 探し物が見つからず**イライラする**。
- **集中力が奪われる**（集中が戻るには15分かかるといわれる）。

探し物をなくすには、整理整頓が欠かせません。

時間術の名著の多くが整理整頓の大切さについて触れていました。

⬛1 整理整頓の「５つの基本ルール」

整理整頓には、次の意味があります。

> ◉整理……不要なものを捨てたり、関連するものをまとめたりして、整えること。
>
> ◉整頓……ものをきちんと並べて使い勝手をよくすること。

時間術の名著が推奨する整理整頓の基本ルールは次の５つです。

◆整理整頓の５つの基本ルール

（1）そもそもものを持たない

ものが多いから整理整頓ができない。

（2）ものやデータの置き場所を決める

置き場所をはっきりと決めておかないから迷子になり、探すことになる。

（3）使ったら元に戻す

使ったものを戻さないから散らかる。

（4）よく使うものは取り出しやすい場所に置く

取り出しにくい場所に置くと時間のロスになる。

　捨てないと新しいものを入れるスペースがなくなる。

「今できないことや、今は取り組むべきでないことをどんどん捨てるのです。

**　いらない仕事、いらないもの、いらない時間……などのムダなものです。**

**　いらないものがあると、今できることの邪魔になります。**（略）

**　新しいことを始めるためには、スペースを空けないと、新しいスタートは切れません」**（藤由達藏『結局、「すぐやる人」がすべてを手に入れる』／青春出版社）

「『モノあまり』の時代に、何でも取っておくと、それをあとから役立てられる機会はなかなか得られず、ゴミやノイズに囲まれた暮らしが始まってしまいます」（佐々木正悟『先送りせずにすぐやる人に変わる方法』／KADOKAWA）

2 探し物の削減はデスクの整理整頓から

　税理士で時間管理コンサルタントの石川和男さんの『仕事が速い人は、「これ」しかやらない』（PHP研究所）によると、「**探し物のビッグ3**」は次の3つです。

「1. デスクのなかの文房具類を探す
　2. 書棚や倉庫から書類を探す
　3. パソコン内にある必要なファイルを探す」

　探し物のビッグ３のひとつ、「デスク」は日々の作業をする大切な場所。毎日の整理整頓が欠かせません。

　100冊の時間術の名著をまとめると、デスクを整理整頓するときのポイントは次の４つです。

◆デスクの整理整頓の４つのポイント

(1) どんなデスクにしたいか、完成のイメージを持って、整理整頓をする。

(2) 文房具やファイルは袖机（そでづくえ）の定位置にしまう。出しっぱなしにしない。

(3) 文房具はいったんすべて袖机から出して、「毎日使うもの」「毎週、毎月使うもの」などに分けて、使用頻度の高いものから手前に入れていく。不要なものは捨てる。

(4) デスクの上は作業スペースなので、作業中は必要なものだけを置く。

　文筆家の藤沢晃治さんは『頭のいい段取りの技術』（日本実業出版社）で、以前勤めていた会社の習慣「クリアスペース」がデスクの整理整頓に役立ったと述べています。

　クリアスペースとは、「机の上を片付けてきれいにする」という意味。**作業中はそのとき必要なものだけを出し、作業を終えたときや帰宅するときはもちろん、会議などで離席するときもできるだけ机の上をまっさらにしていた**そうです。

「目前の仕事に関係ない資料などを乱雑に置いた環境で仕事をするな、ということです。工場などでは整理整頓は最も基本的な仕事の心得ですが、オフィス労働者にもこれが当てはまらないわけ

がないのです」

　イ・ミンギュさんは『「後回し」にしない技術』（文響社）に、次のように書いています。
「一日の勤務が終わったら、その日にした仕事についてしばし考えながら、デスクをきれいに片づけよう。そして翌日にすべき仕事が何かを点検し、仕事に必要な物をデスクの上にそろえておく」

　勤務後にデスクをいったんきれいにし、そのあとで翌日の準備をすることには、次の３つのメリットがあるとしています。
①仕事を振り返りつつ満ち足りた気分で家路につける。
②翌日にすべき重要な仕事を忘れる確率が低くなる。
③翌日に出勤してすぐに仕事に取りかかることができる。

３ デスクトップは必要なアイコンだけに

　パソコンを立ち上げたときに、デスクトップにアイコン（ファイルや機能を示す絵や記号）がたくさんあると、探したいファイルがすぐに見つけられません。デスクトップも整理整頓を心がけます。

「これは私見ですが、『なかなか動けなくて困っている』という人は、机上が乱れていることが多いだけでなく、パソコンのデスクトップがアイコンで埋め尽くされていて、何がどこにあるのかわからない状態になっていることが非常に多いのです」（大平信孝『やる気に頼らず「すぐやる人」になる37のコツ』／かんき出版）

◆デスクトップの整理整頓のポイント

(1) ファイルやフォルダは「要」「不要」をどんどん判断する

作業が終わったら、ファイル（ひとまとまりのデータ）はすぐにフォルダ（複数のファイルを格納できる入れ物）に格納する。

すぐに判断できない場合は、月に1度、あるいは週に1度など、デスクトップを整理整頓する日を決めて、ファイルやフォルダを「残す」か「削除する」かを判断する。

使い終わったファイルはフォルダに格納

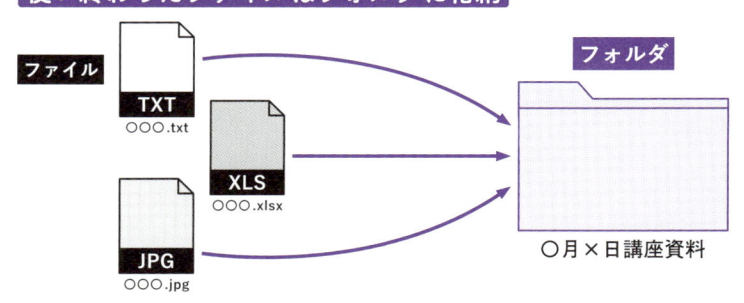

(2) 保留のフォルダをつくる

削除が不安な場合にそなえて、「ごみ箱（仮）」のようなフォルダをつくり、一時保管しておく。

(3) ファイル名は検索しやすい名前をつける

ファイル名は適当につけるのではなく、**あとで検索しやすいように具体的に**つける。検索性を考慮して、思いつく限りのキーワードを入れておいてもよい。

例：「日付」「項目名」「検索しやすいキーワード」

フォルダには、ファイルをひとまとめにする上位概念の名前などをつける。

　検索のしやすさを考慮してファイル名を書く重要性について、精神科医の樺沢紫苑さんは『脳のパフォーマンスを最大まで引き出す神・時間術』（大和書房）で、次のように指摘しています。

「適当な件名でデスクトップに保存すれば、３秒ですむかもしれません。しかし、後からそのファイルを探すのに、何倍もの時間がとられるのです。さらにそのとき、『探す』ことによって集中力がゼロに戻ります。

　つまり、目先の数秒をケチってしまったせいで、後で何十分もの損失につながってくるのです」

　また、データは、どこからでもアクセスできるようにクラウド（インターネット上にデータを保存するサービス）にアップしておくことをすすめる名著もありました。

4　カバンの中は必要最低限にする

　日々持ち歩くカバンの中で、探し物をする人も少なくありません。毎日、帰宅後にカバンの中を整理整頓するほか、必要最低限のものだけを持ち歩くことで、カバンの中の迷子をなくすことができます。

　スタンフォード大学工学博士の飯野謙次さんは、「ものをなくしたり、忘れ物をしたりしない」ために可能な限り、ポケットやベ

ルトバッグ（ベルトに小さなバッグのついたもの）を使い、手には何も持たずに出かけるようにしています。必要最低限として持っているものは、

- 携帯電話　　• その日の薬
- ペン　　　　• 財布
- ハンカチ　　• 折り畳み傘

など9点です（『仕事が速いのにミスしない人は、何をしているのか？』／文響社）。

　瞬読の代表・山中恵美子さんも、普段持ち歩いているバッグには、

- スマホ　　　• 化粧品の小さなポーチ
- 財布　　　　• 手帳
- ペン　　　　• ハンカチ
- ご飯を食べるときの髪留め

　しか入れていないそうです（『人生が劇的に変わる「瞬読式」時間術』／三笠書房）。

　カバンの中も、余計なものを持たないことが、「探し物をしない」コツです。

「やること」ではなく「やらないこと」を決める

10位

10位は「『やること』ではなく『やらないこと』を決める」です。

「自分にとって本当に大切なもの以外は手放す」

「しないことを明確にする」

「絶対にしないことを決めておく」

など、時間術の名著の多くに、**「やめること」「しないこと」を決める大切さ**が書かれています。

実業家の堀江貴文さんは『時間革命』（朝日新聞出版）で、次のように記しています。

「『シンプルに考えて、自分時間に満たされた人生を生きる』とは、（略）本当に大切にしたいこと "以外" はすべて手放し、自分の根本的な欲求に向き合うことなのだ。

『自分にとっていちばん大切なことは何か？』──それをシンプルに絞り込んだ人こそが、自分の時間を手に入れているのである」

なぜ、やらないことを決めるといいのでしょうか？

やらないことを決めるメリットはおもに次の4つです。

やらないことを決める４つのメリット

①本当に大切なことに使う時間をつくり出せる。

②行動や判断に迷いがなくなる。

③やることを少なくすると、心にもスケジュールにも余裕が
生まれる。

④集中しやすくなる。

「世の中には、『一流の人ほど多くのことをやっている』というイメージがあります。(略)

多くのことをこなしているように見える彼らは、それ以上に多くのことに対して『これはやらない』と決め、実践できているのです。

だからこそ、時間の使い方にムダがなく、本当にやるべきことをやる時間を確保できるのです」（石田淳『なぜ一流は「その時間」を作り出せるのか』／青春出版社）

「『やらないこと』を基準にフィルタリングしていくと、かなりの量の『今はやらなくてもいいこと』がそぎ落とされる。すると、『すぐできること、かつ絶対にやらなきゃいけないこと』がおのずとあぶり出されるので、そういう優先度の高いものをスケジュールに組み込んでいく」（佐々木大輔『「３か月」の使い方で人生は変わる』／日本実業出版社）

1 「何をどうやめるか」の基準を明確に

まず、何をどうやめるか、基準をつくりましょう。

- やらないことは先に決める。
- 目的をはっきりさせて、やらなくていいことを明確にする。
- 時間を確保できるよう、できるだけ具体的に決める。
    - ×「ぼーっとしない」「悩まない」
    - ○「メール返信に30分以上時間をかけない」
- 決めたら、頭の中だけで考えず、文字化する。文字化してルールにしておくと達成しやすい。
- 「やらなくても仕事に影響はない」など理由をつける。

　何でもかんでもやめていいわけではなく、「やめても仕事に影響しない」「やめても生活に影響しない」ことが大切です。そのためにやめる基準を設けておくといいでしょう。

　らしさラボ代表の伊庭正康さんは、『できるリーダーは、「これ」しかやらない』（PHP研究所）で、やらないことを決めるときに、「ムダを診断する基準」の使用をすすめています。

「《ムダを診断する基準》

　●ヤメても、『お客様満足』に影響しない

　●ヤメても、『従業員満足』に影響しない

　●ヤメても、『リスクマネジメント』に影響しない

　●ヤメても、『業績』に影響しない」

2 人生が豊かになる「やらないことリスト」

　やらないことリストは、「今日はやらない」「今週はやらない」

などのように、期限を決めたリストもあれば、「仕事のルールとして やらない」のようにいつもやらない基本リストもあります。

まずは「基本リスト」をつくり、「今日はやらないことリスト」 は今日のToDoリストをつくる際に一緒につくるといいでしょう （ToDoリストについては13位で詳述します）。

以下を参考に、さっそく自身のやらないことリストをつくって みてください。

「・午後11時から午前11時までは電話に出ない
・ランチタイムには仕事をしない
・午後6時以降は仕事をしない
・進行中のプロジェクト以外の仕事には手を出さない
・メールの処理は30分以上かけない
・計画した仕事が完了するまで他のことをしない」（マーク・フォ ースター『仕事に追われない仕事術』／ディスカヴァー・トゥエンティワン）

「・テレビ番組は録画し、放送時間に見ない
・ラッシュ時の電車には乗らない
・脂質20グラムを超えるものは食べない（ダイエット時のみ）
・24時以降は寝ない
・他人の陰口を言わない」（塚本亮『「すぐやる人」と「やれない人」の習 慣』／明日香出版社）

ルーティン化して、いちいち考えずに進める

11位

Point

1 「いつもやること」をルーティン化する

2 チェックリストで「いつもの作業」をスムーズに

3 集中力を高める「ルーティン儀式」

11位は「ルーティン化して、いちいち考えずに進める」です。100冊の時間術の名著では、「ルーティンワークをつくる」「習慣化する」という表現もありました。

◉ルーティン……日常の仕事や決まった業務のこと。

◉ルーティンワーク……毎日、毎週、毎月やるべき仕事。

◉ルーティン化する……作業を定型化する。深く考えなくてもできるようにする。継続的に行って習慣にする。

なぜ、ルーティン化することがよいのでしょうか。

100冊の時間術の名著にはルーティン化することで、

「いちいち考えずに行動できる」

「選択する時間が減るので、判断にエネルギーを使わない」

「仕事のヌケがなくなる」

「誰もができるようになる」

「気分に左右されずにタスクを進めやすい」

などのメリットがあるとしています。

「あらゆる仕事はルーティン」という主張もありました。

「すべてのものごとは、一回一回異なるのではなくて、ほぼルーティンであり『型』にはめることができます。

　大きな流れはどれも同じ。

　調べる→おおまかな方向性を決める→具体的なプランをまとめる→仕上げ作業をする→完成」（水野学『いちばん大切なのに誰も教えてくれない段取りの教科書』／ダイヤモンド社）

　行動科学マネジメント研究所所長の石田淳さんも、

「一つひとつの案件は違っても、自分の行動や、使っている言葉や、行わなければならない作業は9割方同じです。（略）

　いつも同じことの繰り返しです。

　その『繰り返し』の部分で、つまずいたり迷ったりするムダな時間を作らない。仕事ができる人は、ここを徹底しています」（『なぜ一流は「その時間」を作り出せるのか』／青春出版社）

「やるべき同じことを間違えない」「同じことに時間をかけない」ために、ルーティン化（定型化）することが大切なのです。

1 「いつもやること」をルーティン化する

　100冊の著者たちは、「いつもやらなければならないこと」をルーティン化して考えなくてもできるようにし、仕事時間の短縮を

図っています。

　どのようなことをルーティン化すればいいのでしょうか。

ルーティン化する事柄の例
- 朝の時間にやること
- 毎日着るもの
- 報告書のまとめ方
- 電話でのアポの取り方

　税理士で経営コンサルタントでもある山本憲明さんは、『「仕事が速い人」と「仕事が遅い人」の習慣』（明日香出版社）で次のように書いています。

「はじめに決めなければならないのが、『どんな仕事をルーティンワークにするか』ということです。

　結論から言ってしまうと、基本は、『将来の計画や目標につながることで、毎日やった方がいいこと』をルーティンワークとすればいいでしょう」

　山本さん自身は、メールマガジンやブログの作成、お金の計算、メール返信、お客様に対してやらなければならないことの確認などをルーティンワークにしています。

② チェックリストで「いつもの作業」をスムーズに

　毎日のルーティンはチェックリストを使うことで、よりスムーズに進めることができます。

　たとえば、行事や定例会など、行う内容や手順が共通している

場合は、項目をチェックリストにすることで、担当者が変わったとしても一から考える必要がなくなり、誰でも同じことができるようになります。

「ある飲食店では、毎日開店業務と閉店業務が存在します。そこでは、看板を店頭に出す、チラシの補充をする、音楽を流すなど、毎日同じような仕事がほとんどですね。よって、あらかじめ、店舗の開店と閉店チェックリストを作成しておくのです。そうすれば誰でもチェック項目に沿って仕事をスムーズに進めることができます」（吉山勇樹『残業ゼロ！ 仕事が３倍速くなるダンドリ仕事術』／明日香出版社）

③ 集中力を高める「ルーティン儀式」

　元ラグビー日本代表の五郎丸歩さんは、ゴールキックの際に同じポーズを取っていました。

　小鳥遊さんとＦ太さんの共著『要領がよくないと思い込んでいる人のための仕事術図鑑』（サンクチュアリ出版）では、**「これは自分の心をリラックスさせ、より集中するための一連の儀式のようなものです」**と指摘し、**「自分なりのルーティン儀式（仕事バージョン）を持ってみるとリラックスして、集中できるかもしれません」**と書いています。

　同書では、コーヒーを飲むなど、自分が最高にリラックスできることをルーティン儀式にすることを推奨しています。

「何にどれくらい時間を使っているか」を把握する

12位は「『何にどれくらい時間を使っているか』を把握する」です。

「家計簿をつけるように時間の記録をつける」「タイムログ（自分の作業時間の記録）をつける」「自分の時間の使い方を検証する」など、時間術の著者の多くが、自分が何にどれくらいの時間を使っているかを把握することをすすめています。

「マッキンゼーで新人育成を担当していた頃、パフォーマンスが上がらないと悩む新人コンサルタントによく与えていたアドバイスが、『キッチンタイマーを買って作業時間を可視化するように』というものでした。（略）

キッチンタイマーを使うよう勧めるのは、彼らに『今は何にどれだけの時間がかかっているのか』を自分で正確に把握させるためです」（伊賀泰代『生産性』／ダイヤモンド社）

なぜ、自分の作業時間を記録したほうがいいのでしょうか。時間術の名著では、次の8つのメリットを挙げています。

自分の作業時間の記録をする8つのメリット

①自分の生活の中で「生産性の低いこと」「止めるべきこと」がわかる。

②家計簿をつけるとお金のムダがわかるように、自分の作業時間をつけると時間のムダがわかる。

③タスクにかかる時間の見積もりの誤差が少なくなる。

④自分が何に対して幸せを感じているかがわかる。

⑤仕事のオーバーフローを減らせる。

⑥自分でも気づかなかった習慣やクセがわかる。

⑦成績がアップする。

⑧自分の行動を観察、記録することで行動が変化する。

1 観察し記録するだけで行動は変わる

『「後回し」にしない技術』（文響社）でイ・ミンギュさんは、
「行動を観察したり記録したりするだけでも人の行動は変化する」
と述べ、その理由として次の3つを挙げています。

  1.「行動を観察すること自体が、その行動をよりよい方向へと変化させる傾向がある」

  2.「観察することで行動に影響を与える原因を突き止めて、自分をより効果的に管理することができる」

  3.「観察の結果がフィードバックやねぎらいとなる」

  質問力の専門家・マツダミヒロさんも、『朝1分間、30の習慣。』（すばる舎）で、記録することの大切さに言及しています。

マツダさんは、「レコーディングダイエット（食べたものを記録していくだけで痩せるというダイエット法）」を例に挙げた上で、ただ食べたものを書くだけで痩せられる理由について、「**記録することで、本質的な要因に気づくという心理をついたからです**」と述べ、「**『書く→認識する→変わる』というシンプルな構図がダイエットに適していたからこそ、流行したといえます**」と記しています。

　自分を観察して記録するだけでも、自分の行動を変えることができるのです。

2 作業時間の記録は「正確に」

　自分の作業時間の記録は、次のように取ります。

◆作業時間の記録の取り方の４ステップ

（1）記録するものを用意する

　エクセルなどで表をつくる。バーチカルタイプ（縦に時間軸が配置されたもの）のスケジュール表でもよい。

（2）仕事の時間の行動を測る

　スマホのストップウォッチアプリなどを使い、「メール返信○分」「□□の資料作成○分」などのように記録する。

（3）１週間、行動記録（作業内容と所用時間の記録）を取る

　１週間が難しい場合は３日でも可。とにかく行動を記録する。

(4)振り返り、改善する

　ムダな時間はなかったか、使途不明の時間はなかったかなど、確認する。改善できる点は改善する。

行動記録表

		月	火	水	
		活動内容	活動内容	活動内容	
9：00		メール確認（30分）			
9：30		講座資料作成（2時間）			
10：00					
10：30		↓			
11：00					
11：30		会議資料確認（30分）			
12：00		ランチ（1時間）			
12：30					
13：00		社内会議（2時間）			
13：30					
14：00		↓			
14：30					
15：00		移動			
15：30		A社訪問（打ち合わせ）			
16：00		↓			
16：30		移動			
17：00		メール確認（30分）			
17：30		翌日準備（30分）			
18：00		帰宅			

◆作業時間の記録の3つのポイント

(1)プライベート時間も記録するとワークバランスがわかる

　仕事とプライベートのバランスについて把握したい場合は、朝起きてから寝るまでを記録する。プライベートの時間と仕事の時間を色分けすると、バランスをわかりやすく把握できる。

(2)タスクを細分化すると問題点が明らかになる

　タスクに時間がかかりすぎていると感じる場合は、タスクをさらに細分化して時間を測る。細かくすることで、課題が明らかになりやすい。

「資料作成2時間」

↓

「参考資料を探す時間30分　＋参考資料を読む時間30分
＋グラフ作成の時間40分　＋テキスト作成20分」

(3) 記録はスマホの時間管理系アプリを使ってもよい

　いつも持ち歩くスマホの時間管理系アプリをすすめる著者も複数いました。自分に合った時間管理系アプリを探して、使ってみるのもいいでしょう。

③ 振り返りで「時間のムダ」を見つける

　作業時間（行動）を記録するだけでも効果はありますが、振り返りをすることでさらなる改善が期待できます。

　経営者で著述家の古川武士さんは、『人生の主導権を取り戻す「早起き」の技術』（大和書房）で、チェックのポイントを挙げています。

「次の5つの観点からチェックしてみましょう。これが、非効率性を招く代表的な5つの原因です。

　□ 多くのタスクに同時に手をつけて、どれも中途半端で終わっている

　□ いつも残業時に、最も重要で気が重たい仕事が残っている

　□ 先延ばしをして、納期がいつもギリギリになってしまう

　□ 上司や他部署、お客様からの突発的な依頼が入って振り回される

□ 休憩が多かったり、必ずしも必要のない仕事をしている」

また、何に使ったかわからない時間が出てきたときは、スマホのスクリーンタイム（利用時間などを確認したり、アプリの利用を制限する機能）を確認しましょう。

「使途不明時間が多い人は、スマホのスクリーンタイムを見てください。（略）毎日何分、スマホを開いてどのアプリを見ているのか一瞬でわかります。（略）
『何となくスマホを見ている時間が長いから改善しよう』と思っても、実際にこうして数字で見ないと危機感はなかなか生まれません」（尾石晴【ワーママはる】『やめる時間術』／実業之日本社）

行動の記録を取るのは面倒と思う人もいるかもしれません。しかし、**豊かに生きていく上で、自分の時間の使い方の検証は大切**です。

「時間をどのように使うかは、どのように生きるのか、という問いに対する自分なりの答えでもあります。現在の自分の時間の使い方が、自分の生き方として納得できるものであるか、一度確認することをお勧めします」（一川誠『「時間の使い方」を科学する』／PHP研究所）

ToDoリストは活用法が命

Point

1. 具体的に書くと消しやすくなる
2. 予定表やタスクリストと併用する
3. ToDoリストは万能ではない

ビジネスシーンでもプライベートでも、時間やタスクの管理にToDoリストを活用している人は少なくないでしょう。

> ●ToDoリスト……別名「やることリスト」。やるべきことをリストにしたもの。
> 「□A社に展示会の案内を送付」
> 　のようにチェックボックスをつけ、終了したタスクにチェックを入れる形式が多い。

　時間術の名著の多くが、ToDoリストの活用方法について触れていました。
　ToDoリストを使うことで、

- やるべきことが明らかになる
- 頭の中から「やること」を追い出せる（脳の負担が減る）
- 書き出すことで「うっかりミス」を減らせる
- 前日に「明日やるべきこと」を一覧にしておくことで、スタートダッシュができる

　などのメリットが挙げられていました。

　「『ToDoリスト』を作ることは、仕事をラクにすることなのです」と書いているのは、研究者で人気ブロガーの堀正岳さんです。「まだ仕事は片付いていないのに、それを書き出しただけでとたんに気持ちがラクになるのですが、その理由は私たちの脳が、複数のタスクを意識の中だけで管理するのが苦手だからです。気になることを書き出して客観視できるようにするだけで、頭脳にかかっていた負荷が減り、状況を整理する力が増すのです」（『ライフハック大全』／KADOKAWA）

　しかし意外にも、ToDoリストには「弱点がある」「限界がある」「欠点がある」と指摘する本も少なからずありました。

　「タイム・マネジメントの本には、たいてい『TO DOリストを作れ』と書いてあります。それほどにTO DOリストは時間管理の定番です。
　しかし、TO DOリストを継続できたという話は、ほとんど聞きません。続けている人は『仕事のやりがいはTO DOリストの項目を消すことだ』という状態です。これでは "リストの奴隷" です」（マーク・フォースター『仕事に追われない仕事術』／ディスカヴァー・トゥエンティワン）

　時間術の著者たちが指摘する「ToDoリストの問題点」とは何でしょうか。

- 消しても、新たに ToDo が増える場合もあり、すべてを消すのが難しい。
- ToDo リストは期限や重要度が書かれていない。そのため、短時間で終わるタスクから手をつけてしまい、時間のかかるタスクが残る。
- 「○○さんに電話をかける」など数分で終わるタスクと、1 時間以上かかるタスクが混在しているため、終わるたびに「次はどれをやるか」を確認する必要がある。
- 「いつかはできたらいいな」という願望（WISH）のリストも混在するため、消されることなく、残り続けてしまう。

　実際に、アメリカで To Do 管理サービスサイトを展開している「I Done This」の調査では、ToDo リストにある41%の項目は、決して実行されることのないウィッシュリストになっていることが明らかになっています（※ Bailey Adams "The Busy Person's Guide to the Done List", 2014）。

　この問題点を克服するために、時間術の名著100冊の著者たちは、ToDo リストの使い方の工夫を提案しています。

1 具体的に書くと消しやすくなる

　ToDo リストのデメリットのひとつは、消えていない項目（やっていない項目）が残ることです。

　消すための方法として、時間術の名著では次の方法が紹介され

ています。

◆ToDo リストの項目をやりきる 5 つの方法

(1) 1 日に何度も見る。

(2) 1 日の終わりに残っているタスクをチェックし、翌日の ToDo
リストの上位に入れる。

(3) 残っているタスクは「なぜ、残っているのか」を考える。

(4) ToDo リストに優先順位を入れる。

　　例：「A 必ずやる」「B できたらやる」「C 明日でもいい」

(5) 作業内容を具体的に書く（抽象的だとイメージしにくく、着手しづらい）。

× 作業内容をあいまいに書く

☐ デスク周りを整理整頓する。

_____

○ 作業内容を具体的に書く

☐ 書類を案件ごとにフォルダに分ける。

☐ 文具を所定の位置に戻す。

2 予定表やタスクリストと併用する

　ToDo リストは「始める時間」「所要時間」「期限」など時間の
概念が書かれていません。そのため、何から手をつけていいのか
がわかりづらく、締め切りに遅れたり、やるべき仕事が手つかず
になったりする事態が起こります。

これについて平野友朗さんは、『仕事を高速化する「時間割」の作り方』（プレジデント社）で次のように述べています。

「TODOリストによる時間管理の決定的なデメリットは時間の概念が入っていないこと。

　そのタスクにどのくらいの時間がかかるのか、いつまでにやったらいいのか。それらの情報が欠落しています。

　そうなると『やりやすいものから』『好きなものから』と偏った処理になるのは自然のことでしょう」

　ToDoリストに不足している時間の概念を補うためには、ToDoリストにすべて頼るのではなく、予定表やカレンダーとの併用が有効です。

> **ToDoリストと予定表を併用する手順の例**
>
> ①やるべきことは箇条書きにしてすべて書き出す（ToDoリストをつくる）。
>
> ↓
>
> ②それぞれの締め切り時間を確認し、作業にかかる所要時間を設定する。
>
> ↓
>
> ③予定表やカレンダーに落とし込む。

③ ToDoリストは万能ではない

ToDoリストによって生産性が上がる人とそうでない人がいる、

という意見もありました。

　サイエンスライターの鈴木祐さんは、『YOUR TIME』（河出書房新社）で、次の特性を持った人はToDoリストが効果を発揮しやすいと記しています。
「●予期が多すぎる人
　違う作業をしているあいだに、『頼まれた資料集めを忘れていたから、これを終わったらやろう……』や『部屋の掃除が途中だから帰ったら手をつけないと』といった未完の予定が浮かび、それが頭から離れないタイプ
　●想起が否定的な人
『このタスクは以前もうまくいかなかった』や『明日使う資料を置き忘れたのでは……』などのネガティブな思考が浮かびやすく、不安にとりつかれやすいタイプ」

　予期とは前もって期待や推測をすることです。

　ToDoリストはタスク管理にメリットが多いものの、デメリットもあります。デメリットを克服して使いましょう。
　ただし、「自分はToDoリストでのタスク管理が苦手」と思うのであれば、予定表だけで管理するのもおすすめです。

「バッファ」を意識的につくる

Point

1 人は「楽観的に予定を立てがち」

2 「自分に合ったバッファの取り方」を見つける

14位は、「『バッファ』を意識的につくる」です。

> ◉バッファ……時間の「ゆとり」「余裕」のこと。予定が何も入っていない時間。英語でbufferと書き、「緩衝材、衝撃を吸収するもの」を指す。

　時間術の名著の多くが、スケジュールを立てるときに、予定と予定の間、あるいは1週間のうちのどこかなどに「バッファ」をつくることを奨励しています。

　スケジュールをきつきつに詰め込まないということです。

「スケジュールはギチギチに詰めてはいけません。余白は余白として残しておいたほうが、全体的なパフォーマンスアップにつながります。車のハンドルに『遊び』が必要なように、私たちのスケジュールにもこの『遊び』と同じ『余白』が必要なのです」（尾石晴【ワーママはる】『やめる時間術』／実業之日本社）

- 突発的な用事が入った場合に対応できる。
- 予定していた作業が終わらなかったときに使える。
- 時間のゆとりをつくることで、心にゆとりができる。
- ゆとりがあることで丁寧に取り組める。
- ふいにチャンスが舞い込んできたときに、逃さずに済む。
- ものを考える時間が取れる。

1 人は「楽観的に予定を立てがち」

なぜ、バッファをつくる必要があるのでしょうか。

おもな理由は、「**人は楽観的に予定を立てがちだから**」であり、「**そのためにスケジュールが遅れてしまうから**」です。

ノーベル経済学賞受賞の心理学者で行動経済学者のダニエル・カーネマンは、1979年に「計画錯誤」という現象を報告しています。計画錯誤とは「作業にかかる時間を短く見積もりすぎる傾向」のことです。

ある実験で、論文を書いている学生に「書き終わるのにどれだけの時間が必要か」を尋ねました。答えは、

- すべてがうまくいった場合……平均で27.4日間
- 何もかもうまくいかなかった場合……平均で48.6日間

  でした。

  ところが実際には、平均で55.5日間かかりました。

この実験からも、**未来に「どのくらいの時間がかかるか」は楽観的で、当初の想定よりも遅れる傾向がある**とわかります（「作業時間の見積もり方」は32位で詳述します）。

　堀正岳さんは『ライフハック大全』（KADOKAWA）で、次のように書いています。
「大事なことは、これは仕事の仕方が下手だから起こることではなく、私たちの認知のクセそのものだという点です。いくら現実的に見積もったつもりでも、その見積もりは認知のレンズで歪んでしまっているのです」

　また、「突発的な予定が入る」「想定外のトラブルに振り回される」なども遅れる原因になります。こうした場合も、予定にあらかじめバッファを組み込んでおけば、遅れずに済みます。
　バッファは、怠けでもサボりでもありません。**予定通りに物事を進めるために不可欠**なものなのです。

2 「自分に合ったバッファの取り方」を見つける

　では、バッファはどのようにつくるといいのでしょうか。100冊の名著に記されたバッファの取り方をまとめると、次の通りです。

バッファの取り方の例
- 「○曜日の午前中は予定あり」と向こう数か月間、時間をブロックする（カレンダーを共有している場合）。

- タスクごとにバッファを設ける。
    例：30分のタスク＋10分のバッファ
- 1日の最後にバッファを設ける。
    例：終業時間の1時間前。午後6時に終業であれば、5
        時から6時をバッファにする
- 1週間の最後をまるまるバッファにする。
    例：金曜日は1日予定を入れない
- 睡眠時間を除いた時間の10%を余白にする。
    例：7時間の睡眠時間の場合、
        24時間－7時間＝17時間
        17時間×0.1＝1.7時間（1時間42分）←余白
- 週に2、3回、まとまった空き時間をつくっておく。
- やるべきことの所要時間が正味1時間なら、バッファを30分足して1時間30分の予定にしておく。
- 移動時間の場合、Googleやルート検索アプリで調べて到着まで33分であれば、「45分」と考えておく。

　バッファには決まった取り方はありません。それぞれが、予定の入り方や状況に合わせて工夫してみてください。

「私は、三日で終われそうな仕事に対しても、必ず安全バッファの部分を織り込んだうえで、『五日でやります』というように期限を約束します。余裕のあるスケジュールで、約束を守れない確率を下げるのです」（藤沢晃治『頭のいい段取りの技術』／日本実業出版社）

スキマ時間・移動時間をムダにしない

15位

Point

1 スキマ時間は「急に生まれる」もの。できることをリストアップしておく

2 通勤・通学時間にやることを決めておく

3 移動中は耳で学ぶ

15位は、「スキマ時間・移動時間をムダにしない」です。

時間管理の達人の多くは、「スキマ時間や細切れ時間、移動時間を積み重ねれば、膨大な時間を捻出できる。うまく活用することが大切」と主張しています。

スキマ時間とは、

- 会議前や人と会う前の「待ち時間」
- 駅や空港での「待ち時間」
- 話し中だった人に再度電話を掛けるのを「待つ時間」
- 食事を注文して出てくるまでの「待ち時間」
- パソコンが再起動するまでの「待ち時間」
- Ａ社とＢ社を「移動する時間」

などのことです。

箱田忠昭さんは、『「できる人」の時間の使い方』（フォレスト出版）で次のように書いています。

「驚くことに、毎日合計で一時間のすきま時間があったとするなら、一年で単純に考えて、三六五時間もの時間になります。

　八時間で割ってみると、何と四五日分にあたるのです。

　これを活用しない手はないでしょう」

　弁護士の伊藤真さんは、１日の時間の種類を10分単位で細かく書き出して検証し、スキマ時間を見つけることを推奨しています。

「もし『仕事量や勉強量は、もう増やせない』と思っていたとしても、一〇分単位で『時間の種類』を検証していくと、『すき間の時間』がたくさんあることがわかるだろう。

『すき間の時間』を見つけて、それを上手に利用すれば、時間は何倍にも増えるはずだ」（『夢をかなえる時間術』／サンマーク出版）

　また、**スキマ時間は短い時間だからこそ、「締め切り効果」が生まれ、「集中してタスクをこなせる」メリットがある**とする意見もありました（締め切り効果に関しては１位を参照）。

　ではどのように「スキマ時間」「移動時間」を活用するとよいのでしょうか。

1 スキマ時間は「急に生まれる」もの。できることをリストアップしておく

　スキマ時間をうまく活用する方法として、100冊の時間術の名著がすすめていたのは、**「スキマ時間でできることをあらかじめ考えて」**リストアップしておくことです。

あらかじめ考えておいたほうがいい理由は、スキマ時間はふいに生まれることが多いからです。たとえば、「電車が事故で遅れて20分の待ち時間ができた」「待ち合わせの時間に15分早く着いてしまった」ときなどに時間が生じます。

　時間が空いたときに、「さあ何をやろうか」と考えていると、やることを決めているうちにスキマ時間がなくなっていきます。

　やることを明確にしておけば、すぐに行動に移せます。

　「いざ隙間時間ができたときにやるべきことが明確でないと、やらない理由を考えてしまい、初動が遅くなります。（略）

　何かあったらすぐに手をつけられる細かな業務をリストに入れておいて、やらない理由を考える前に作業を開始してしまうのです」（越川慎司『AI分析でわかったトップ５％社員の時間術』／ディスカヴァー・トゥエンティワン）

　「スキマ時間にやること」は、別の作業中に「あれ、やっておかなくては」とふと思いつくことが多いもの。作業中は手元にメモ帳や付箋を置いておき、思いついたら、忘れないようにすぐにメモをするようにしましょう。

　「15分以内でできるタスクを思いついたら、かたっぱしからどこかにメモしておきましょう。

　スマホのメモ帳に書いてもいいですし、付箋に書いてデスクに貼っておいたり、専用のTo-Doリストをつくってもいいでしょう」（池田貴将『タイムマネジメント大全』／大和書房）

　では、時間の使い方に精通している著者たちは、スキマ時間にやることとして、具体的にどのようなことをリストアップしているのでしょうか。

　時間術の名著100冊をまとめると、次のようになります。

スキマ時間にやることの候補

【1分以内〜3分】

- スケジュールのチェック
- 目の前の書類の整理
- タスクのチェック
- メールやビジネスチャットのチェック
- 電車の乗り換え検索
- 深呼吸やストレッチ
- Facebookにコメントをつける
- ネットニュースの拾い読み

【3〜5分】

- 資料に目を通す
- ビジネスチャットの返信
- 出張のホテルや乗り物の予約
- 作業の進捗状況の確認
- スマホでの情報収集
- デスク周りの整理整頓
- ボイスメール（音声メッセージをやりとりできる電子メール）のチェック
- 稟議の決裁

- メールの返信
- 電話での問い合わせ
- 資料の細かいチェック
- 日報をはじめとする報告書の作成
- パソコン内のファイルの整理

【時間の記載がなかったもの】

- メールや電話でできる仕事の発注
- 発送やプリント、ファイリングなどの作業
- 人間ドックの予約、ジムの申し込み
- 親や友人への電話
- 出張費の精算
- 「単語帳」などの暗記グッズを使った、試験のための暗記
- 語学の勉強
- 有益な講義の録音や動画での勉強

　もし、やることが思い浮かばないときにはどうすればいいのでしょうか。

　文筆家の千田琢哉さんは、『自分の時間が３倍になる人生を変える時間術』（大和書房）で次のようにアドバイスしています。

「もし何も思い浮かばなければ、とりあえず細切れ時間専用の本を持ち歩けばいい。

　細切れ時間に本を読めば、それだけで一年間に数冊の本を読破できるはずだ」

2 通勤・通学時間にやることを決めておく

通勤・通学時間は、ふいにできるスキマ時間とは異なり、定期的に決まった時間が取れます。

「令和3年社会生活基本調査」（総務省統計局）によると、通勤・通学時間の全国平均は、往復で1時間19分、東京都では往復1時間35分です。

この数字は2021年のもので、テレワークの増加に伴って以前より短くなってはいるものの、1週間（週5日の勤務として）にすると、東京で暮らす人では約8時間になります。

毎日の通勤時間こそ、ぼーっと過ごすのではなく、有効活用することが大切です。

高嶋美里さんは、『あなたの1日を3時間増やす「超整理術」』（KADOKAWA）で次のように記しています。

「電車に乗っている人を見回すと、ほとんどの方が暇つぶしにゲームやLINEなどでチャットしているだけ。その時間を、本を読んだり、ポッドキャストを聴いたり、あらかじめメールをチェックする時間に当てておけば、ずっと仕事が効率化します。ほとんどの人がやっていないことをあなたがやれば、それだけスキルに差がつくのは当たり前ですね」

電車やバスを使った通勤・通学の場合は、あらかじめやることを決めておくと、積み重なり大きなスキルとなっていきます。

時間術の名著100冊に書かれていた通勤・通学時間の活用法の

アドバイスをまとめると次のようになります。

◆通勤時間の活用法

- オーディオブックを聞く。
- ポッドキャスト（インターネットを通じて配信されるトークや音楽番組）を聞く。
- オーディオプログラムで外国語を学ぶ。
- 資格試験の勉強をする。
- 受験勉強をする。
- 読書をする。
- 書き物をする。
- メールをチェックする。
- 動画セミナーの音声を聞く。

一方、電車での移動時間を、頭の中をカラッポの状態にしたり、イメージトレーニングに使っている時間術の達人もいます。

小山竜央さんは、電車の中の5分は大切で、その時間を「イメージを浮かべること」に使っているといいます。

「たとえば、その日にやるべきことを確認し、それらをうまくこなしている自分をイメージするのです。（略）

1日の流れをうまくこなしている自分をイメージすることは、たぶん起こらないのに抱いてしまう心配事への不安を取り除く作業をしていることと同義になります」（『5分の使い方で人生は変わる』／KADOKAWA）

③ 移動中は耳で学ぶ

　精神科医の樺沢紫苑さんによると、音声ファイルなどを利用して耳から学ぶ方法を「耳学」といいます。満員電車での通勤でも、ポッドキャストやオーディオブックは、スマホとイヤホンさえあれば、手をそれほど動かさずに聞けます。

　「耳学を上手に使えば、1日2時間以上のスキマ時間を、自分の『学び』と『自己投資』の時間に変えることができます。

　さらに、朝の通勤時間を『耳学』に充てることによって、今まで無駄にしていた『脳のゴールデンタイム』も有効利用できます」

（『脳のパフォーマンスを最大まで引き出す神・時間術』／大和書房）

　UCLAのMBA教授のキャシー・ホームズさんも、『「人生が充実する」時間のつかい方』（翔泳社）で、通勤時間の使い方のアイデアのひとつとして、次のように書いています。

　「オーディオブックを聞く。好きな本を読む時間がもっと欲しい、という声をよく聞きます。通勤時間の30分間で毎日オーディオブックを聞けば、2週間に1冊新しい本が聞けることになります」

　イヤホンを使って「聞く」学びに集中することで、混雑による通勤時間のイライラも軽減できそうです。

休憩時間や休暇は「先に」スケジュールに組み込む

1 休憩はこまめに取ったほうが効率が上がる

2 休暇は先に入れる

16位は「休憩時間や休暇は『先に』スケジュールに組み込む」です。「休む＝サボる・悪いこと」のように考えられがちですが、時間術の名著は例外なく「休憩時間や休暇を取ること、大切にすること」を推奨しています。

なぜ、休憩時間や休暇を取ることが大切なのでしょうか。

休憩時間や休暇を取ることが大切な理由は次の３つです。

◆休憩時間や休暇が大切な３つの理由

（1）ストレスが溜まりにくくなる。

（2）何もしていない時間が脳を活性化する。

（3）休憩を取ったほうが効率が上がる。

「頭脳労働は肉体労働と違って、『もう体が動かない』といった、はっきりした疲労のメッセージがないので、自然と長時間労働になりがちです。しかし、休みなしで頭を働かせつづけていると、自分ではがんばっているつもりでも、集中力が低下し、確実に効率が下がってきます」（本田直之『レバレッジ時間術』／幻冬舎）

「ほかの人より疲れやすいので、計画的な性格を逆手に取って、休憩時間をあらかじめスケジュールに組み込んでおいたりもした。

こんな風に日常生活で自分を縛りつけるものが減ると、ほかのところでも余裕が生まれ、自分と世の中に向ける視線が寛大になるのがわかった」（ダンシングスネイル『怠けてるのではなく、充電中です。』／CCCメディアハウス）

1 休憩はこまめに取ったほうが効率が上がる

では、休憩はどのように取るとよいのでしょうか。100冊の時間術の名著をまとめると、休憩の取り方のポイントは次の4つです。

◆休憩時間の取り方の4つのポイント

(1)疲れすぎる前にこまめに取る

45分に1度の休憩でもOK。こまめに取ったほうが、仕事の効率が高まる。

『AI分析でわかったトップ5％社員の時間術』（越川慎司／ディスカヴァー・トゥエンティワン）では、次のような実験に触れていました。

「39社に行動実験を行い、『休憩せずに5時間の作業を行うチーム』と『45分おきに休憩を入れて作業したチーム』で、その成果を比較しました。

すると、後者のほうが処理能力は1.2倍〜1.5倍も高かったのです」

(2)休憩の開始と終了時間を決めておく

時間を決めずに休むよりリフレッシュ効果が大きくなる。

(3)休憩時間にスマホは見ない

スマホを見ると脳が休まらない。休憩時間は視覚情報から脳を解放して休ませる。

(4)休憩までの時間が長い場合（3時間など）は、長い休憩を取る

長い時間の休憩を取らないと、エネルギーが回復しない。

2 休暇は先に入れる

ビジネスでは、仕事が優先され、休暇は後回しにされがちです。そのため、時間術の名著では、先にスケジュールに組み込むことをすすめています。

社会派ブロガーのちきりんさんは『自分の時間を取り戻そう』（ダイヤモンド社）で次のように述べています。

「もうひとつお勧めなのが、『忙しくなる前に』さっさと休暇の予定を決めてしまうことです。『ヒマになったら休暇をとろう』と考えている人の多くが休みをとれていません。なので、ヒマになるかどうかよくわからないタイミングで予定を入れてしまうのです」

忙しい時期になると休暇は取りづらくなります。**早めに休暇の予定を立て、周囲の人にも宣言しておき、旅行の場合は宿泊の手配もしておく**とよいでしょう。

　株式会社武蔵野の代表取締役社長・小山昇さんが書いた 『儲け
る社長の24時間365日』（KADOKAWA）によると、武蔵野では長期休
暇制度があり、課長職以上は、「**連続して9日間の有給休暇**」を取
らなければならないことになっているそうです。

　そのメリットとして、以下の7つが挙げられていました。

- 「**会社人間をつくらない**」。家庭を犠牲にしてはいい仕事ができ
  ない
- 他の人が業務を代行できるしくみができ、「**ダブルキャスト化が
  進む**」
- 自分がいなくても仕事が回るようにするため、「**上司が部下を教
  育するようになる**」
- 「**部下の自覚が芽生える**」
- その社員がいなくても会社が回ることがわかるため、「**モンス
  ター社員がいなくなる**」
- 仕事の属人化を解消できるため、「**ブラックボックス化が防げ
  る**」
- 休みの日程を社員同士で交代する場合は仲が良くないと交代で
  きないため、「**社員が『表面上』は仲良くなる**」

　この休暇制度について小山さんは、「**長期休暇は、社員も会社も、
メリットがある**」 とも書いています。

　休憩や休暇は積極的に取ることが大切です。

# マルチタスクはしない

17位

Point

1 マルチタスクはロスが多い

2 マルチタスクしていいのは
「集中力を要さない作業」だけ

17位は「マルチタスクはしない」です。

マルチタスクとは、「同時に複数の作業を行う」ことです。複数の作業を同時にこなしていると、一見、効率よく仕事をしているように見えます。しかし、時間管理の達人たちの多くは、「マルチタスクはしない」「シングルタスクを心がける」「ながら仕事はしない」と口をそろえます。

「集中力を上げるために必要なことをもう一つお話しします。それは、マルチタスクを放棄することです。マルチタスクこそ、仕事が進まない理由の最たるものです」（中島聡『なぜ、あなたの仕事は終わらないのか』／文響社）

「はじめから 2 つ以上のことを並行して進めようとすると、だいたい失敗してしまいます」（山本憲明『「仕事が速い人」と「仕事が遅い人」の習慣』／明日香出版社）

「どうがんばっても同時に 2 つ以上のことはできませんから、や

ると決めたら、それに徹底的に集中することです」（佐々木正悟『先送りせずにすぐやる人に変わる方法』／KADOKAWA）

　なぜ、マルチタスクはしないほうがいいのでしょうか。
　時間術の名著で紹介されていた意見をまとめると、マルチタスクをしないほうがいい理由は、次の5つです。

◆**マルチタスクをしないほうがいい5つの理由**
(1) 2つのことを同時に行おうとすると、判断能力が鈍る。
(2) 集中力が分散される。
(3) 注意力が低下する（事故につながる）。
(4) 生産性が下がる。
(5) タスクの切り替えが頻繁になると、ストレスを感じ、脳にダメージを与える。

1 マルチタスクはロスが多い

　多くの時間術の名著には、**脳科学的にいえば、「人の脳はひとつのことしかできない」ため、そもそも人間には厳密な意味でのマルチタスク**（同時並行）**はできない**、と書かれていました。

　同時に見えても、**短時間にタスクを切り替えているだけ**です。たとえば、テレビを見ながら本を読んでいたとしても、「テレビを見る」と「本を読む」を瞬時に切り替えているにすぎません。同じ瞬間に、テレビの内容と本の内容を理解することはできないのです。

複数のタスクを並行で進める場合、作業を切り替えるたびに集中力が途切れ、「どうすればいいのだっけ？」と思い出すのに時間がかかります。

　つまり、「**切り替え時間＝時間のロス**」が生じてしまいます。

「複数のタスクを切り替えながら仕事をすると、切り替え時に集中力が途切れ、途切れた集中を取り戻すには25分かかるというデータも」（DaiGo『倒れない計画術』／河出書房新社）

　時間術の名著が推奨するのは、「シングルタスク」です。ひとつの作業に集中し、その作業が終わってから次の作業にかかるシングルタスクであれば、切り替えのための時間のロスを減らすことができます。

シングルタスクとマルチタスクの違い

シングルタスク

A	切り替え	B

切り替え時間が
少ない

マルチタスク

A	切り替え	B	切り替え	A	切り替え	B

切り替え時間が
多い

　シングルタスクの最中、別の案件についてふと思い出すことがあります。すると頭の中がマルチタスク状態になってしまいます。そのときは、思い出したことはメモに書き出し、考え続けるのをやめましょう。

　また、上司から声をかけられたり、急に電話がかかってきたなど、3〜5分で終わるタスクであれば、溜まらないうちにその場で片づけます。

2 マルチタスクしていいのは 「集中力を要さない作業」だけ

　時間術の名著によると、マルチタスク（ながら作業）に向いている作業もあります。**あまり集中力を必要としない作業や、どうしても時間が足りなくなりがちな家事**です。

　たとえば、次のようなことです。
- **電車に乗りながら、本を読む、語学の勉強をする。**
- **歩きながら、考えごとをする。**
- **入浴中にアイデア出しをする。**
- **ニュースを耳で聞きながら歯を磨く。**
- **朝食を摂りながら、子どもと話す。**
- **洗濯物をつけおきしている間に洗い物をする。**

　並行して行えるものとそうでないものを区別して、タスクに取り組むようにしましょう。

睡眠時間は絶対に削らない

Point

1 1日の目安は「7時間以上」

2 質のいい睡眠が人生全体の質を上げる

　忙しくて、つい睡眠時間を削ってしまった。SNSをしていて気づいたら深夜になっていた。趣味でついつい夜更かし……という方は必読です。

　時間術の名著の多くは、「睡眠時間を削らない」「睡眠は人生を充実させる上で重要」「睡眠を犠牲にしてはいけない」と、**「睡眠を大切にする」ことを推奨**しています。

　「翌朝から『すべてがリセットされた状態』で軽やかに動きはじめるためには、よりよい睡眠が欠かせない。

　眠ることは、あなたの人生を充実させるうえでの、最重要事項だと言ってもいい」（堀江貴文『時間革命』／朝日新聞出版）

　「私は睡眠への投資は、長期的に健康を維持して幸福感を覚え、生産的に生きるためには欠かせないものだと考えています」（古川武士『人生の主導権を取り戻す「早起き」の技術』／大和書房）

　また『1440分の使い方』（ケビン・クルーズ／パンローリング）では、成功者たちの証言として、ウィル・ディーン（ロンドンおよびリオ五輪の

ボート競技カナダ代表）の次の言葉を紹介しています。

「睡眠を犠牲にしてはいけない。そんなことをすれば、遅かれ早かれ悪い結果を招く。本来の力を発揮できなくなるし、病気になる」

「よく『仕事が終わらないから、最近は睡眠不足で……』と言う人がいますが、私に言わせると『睡眠不足だから仕事が終わらない』わけです。この考え方を変えない限り、仕事が速くできるようにはなりません」（金川顕教『すごい効率化』／KADOKAWA）

　睡眠を削らないほうがいい理由は、睡眠を削ることで次のデメリットがあるからです。

睡眠を削ることによるデメリット

- 翌日のパフォーマンスが下がる。
- ストレスが溜まる。
- イライラして過食に走る。
- 集中力が下がる。
- 昼間に眠くなる。
- 健康を害す（睡眠時間が短かったり質が悪かったりすると、高血圧や脳卒中、糖尿病、うつなどのリスクが高まる／厚生労働省「e-ヘルスネット」）。
- 睡眠時間が6時間以下の人は、7〜8時間の人に比べて、死亡率が2.4倍高くなる（日本人男性対象の研究）。

　睡眠は、**いやな記憶を忘れさせてくれる**上、**脳のデトックスをする**（脳の疲労物質を取り除く）時間でもあります。

睡眠中、脳には、脳脊髄液という洗浄液が多く取り込まれることがわかっています。この洗浄液が脳の疲労物質であるアミロイドβタンパク質を洗い流します。

やはり、睡眠はしっかり取る必要があるのです。

1 1日の目安は「7時間以上」

では、睡眠は何時間くらいが適切なのでしょうか。

時間術の名著には、

「平均7〜8時間は寝るようにしている」

「平日は7時間睡眠が基本」

「成人や高齢者の睡眠時間は7時間がベスト」

「少なくとも7時間以上連続した睡眠を定期的に取る」

「今は5〜6時間寝ている」

「理想の睡眠時間は人によって7〜10時間とまちまち」

などと記されていました。

これらを精査すると、100冊の名著では**7時間以上の睡眠が理想**ということがわかりました（一般的には「6〜8時間がよい」とする説もあります。4位参照）。

また、最適な睡眠の長さには個人差があり、年齢や季節などによっても異なる、という意見も複数ありました。

② 質のいい睡眠が人生全体の質を上げる

　睡眠の長さだけでなく、質（眠りの深さ）を高めることの重要性を指摘する声もありました。

　『面白いほど役に立つ図解超一流の時間力』（安田正／日本文芸社）では、質のいい睡眠が取れているかどうかを確認するために、睡眠管理のためのアプリを紹介していました。

「これを見ると、自分がきちんと眠れたかどうかがわかります。また、自分が目覚めるのに最も適しているのが何時頃かも、およそわかってきます。（略）

**　睡眠も管理することで、まさに、24時間を無駄なく活用することができるのです」**

　良質な睡眠を取るにはどのようにすればいいのか、時間術の名著に書かれてあったアドバイスは次の通りです。

◆良質な睡眠を取るポイント

- 午後３時以降はカフェインを控える。
- 寝室は少し寒いほうがいい（寝具や寝間着を使用した状況で室温は13〜29℃の範囲、寝具の内部は33℃前後になるようにするのが望ましい／「健康づくりのための睡眠指針2014」厚生労働省健康局）。
- 朝は起きたらカーテンを開けて日の光を浴びる。

　よく眠るための夜の過ごし方はColumn 2を参照してください。

スマホやテレビは、使いすぎない、見すぎない

Point

1 スマホとは「物理的な距離」を取る

2 プッシュ通知はオフにする

3 テレビのリモコンは「見えないところ」に

19位は「スマホやテレビは、使いすぎない、見すぎない」です。

スマホは仕事で欠かせないツールですが、**使いすぎるとパフォーマンスが下がり、集中力にも悪影響を及ぼし、時間が奪われます。心や体にもダメージがあります。**

テレビは情報が集約された有益なメディアであるものの、ダラダラ見てしまうと、時間をムダにします。

スマホもテレビも使い方の工夫が必要です。

時間術の名著に書かれている、スマホの使いすぎによるデメリットはおもに次の8つです。

スマホ使いすぎの8つのデメリット

①インターネットを見すぎてしまい、時間のロスが増える。

②長時間使うと、脳疲労が進み、集中力や記憶力が低下する。

③眼精疲労や肩こりの原因になる。

④1日2時間以上の使用でうつ病のリスクが高まる。

⑤車の運転時、集中力が阻害され、危険である。

⑥夜間に使用することで睡眠障害の原因となる。

⑦人と一緒にいるときもスマホをチェックすることで、人とのつながりがむしばまれる。

⑧SNSでキラキラしている人を見ることで落ち込みやすくなる。

　時間術の名著に書かれている、テレビの見すぎによるデメリットはおもに次の4つです。

テレビの見すぎによる4つのデメリット

①有益と思える番組でも、間に興味のない話題や情報が入っている。

②ずっと見ていると目が疲れる。

③習慣的につけてそのままずっと見てしまう。

④テレビは時間を食いすぎる（平日1日あたりのテレビ視聴時間はリアルタイムで、平均163.2分＝2.7時間／「令和3年版　情報通信白書」総務省）。

　では、スマホやテレビとはどのようにつきあえばいいのでしょうか。

1　スマホとは「物理的な距離」を取る

　時間術の著者の多くが、スマホの電源を切っておくことではなく、「スマホをしまう」「スマホから離れる」ことをすすめています。

テキサス大学マコームズ・スクール・オブ・ビジネスのエイドリアン・ワース准教授らの調査によると、たとえ使用していなくても「そこにスマホがある」（人体の近くにある）というだけで、認知機能が著しく低下することが明らかになりました。

　星渉さんは『神時間力』（飛鳥新社）で、この実験について次のように述べています。

「スマホを別の部屋に置いていた人たちは、手元に置いている人たちよりも成績がよかったということもわかりました。つまり、スマホを自分から遠い場所に置けば置くほど、パフォーマンスが高くなるというわけですね」

　社会心理学者エリザベス・ダンのチームは、カフェでスマホをしまって食事をしたグループと、スマホをテーブルの上に置いたまま食事をしたグループに分け、どちらがより食事を楽しめるか実験をしました。

　『フォーブス』や『ワシントン・ポスト』紙で必読書として紹介された『「人生が充実する」時間のつかい方』（キャシー・ホームズ／翔泳社）では、その結果について次のように記しています。

「結果、スマホをしまった人の方が、食事を楽しめました。スマホが視界にある状態だった人は気が散ってしまい、そこまで食事を楽しめませんでした。

**　ここでの学びはシンプルです。スマホをしまいましょう」**

　ホームズさんは、目が覚めているうちの６時間をオフライン（電話、メール、SNS、そのほかいかなるインターネットも禁止）で過ごすエクササイズを推奨しています。オフラインで過ごすことで、**「遠くで起き**

ている物事から切り離され、今という時間にしっかりつながることで、落ち着きと充足感がもたらされます」。

スマホをしまうことによるメリット

- 生産性が上がる。
- 人とのつながりが深まる。
- 「今」に集中できる。
- 仕事が進む。

スマホは「メールを確認する」「場所を確認するために地図を見る」など必要なときだけ使い、用が済んだら「カバンにしまう」「隣の部屋に置く」など、できるだけ目に触れない場所に置くようにしましょう。

2 プッシュ通知はオフにする

スマホを身近に置いておく場合は、集中力を切らさないために「プッシュ通知」をオフにします。**スマホによって集中力が途切れるのは、自分からSNSなどを見に行くときだけでなく、「プッシュ通知」を受け取ったとき**だからです。

プッシュ通知とは、新着情報やメールの受信、着信があったことなどを、アプリ側からポップアップ（画面上に突然あらわれる小さなウインドウやメッセージ）で知らせる機能です。
最新情報をリアルタイムで受け取れる一方、ほかの作業中にプッシュ通知が入ると集中力が途切れ、中断の原因となります。

プッシュ通知は初期設定（デフォルト）で、オンになっていることも多いため、時間術に長けた著者たちは、プッシュ通知をオフにすることを推奨しています。

　「せっかくの集中をスマートフォンの通知で邪魔されないためには、すべての通知をオフにすることです。これは、スマートフォンの設定画面でできます。もちろん、バイブレーションも切ってください。
　PCでも同様にすべての通知をオフにすることをおすすめします」（池田貴将『タイムマネジメント大全』／大和書房）

　一度、割り込みが入って、集中が途切れると、元の能率に戻るまで時間もかかります。

　「割り込みが短時間で、しかも作業と関係しているものであったなら復帰しやすいものの、まったく異なる内容の割り込みだと、作業に戻ってから元の能率に戻るまでに約23分かかることが研究で知られています」（堀正岳『ライフハック大全』／KADOKAWA）

③ テレビのリモコンは「見えないところ」に

　テレビは無意識につけて、一度つけてしまうと、ついダラダラと見て、時間をムダにしてしまいがちです。時間術の本の中には、テレビを見すぎないためには、リモコンを隠したり定位置を決めて、すぐに目に入らないようにしたほうがいい、という意見が複

数ありました。

「私たちが何かを見たときにはいつも、脳内では『やるかやらないか』『手を伸ばすか伸ばさないか』というせめぎ合いが起こっているといえます。(略)
『無意識のテレビタイム』を始めないためには、リモコンさえも見ないことが重要なのです」(菅原洋平『すぐやる!「行動力」を高める"科学的な"方法』／文響社)

リモコンを離れたところに置けば、テレビを見たいと思ったときに、「見るためのハードルを高くする」ことにもなります。

また、視聴時間を減らすために、「テレビを見るのが大変で骨が折れるような配置」に変えるというアイデアもありました(ジェイク・ナップ、ジョン・ゼラツキー『時間術大全』／ダイヤモンド社)。

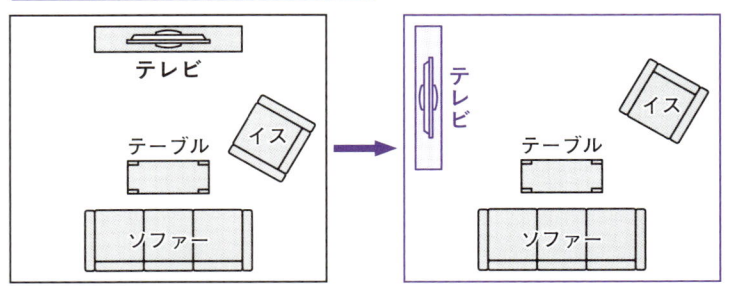

テレビを「隅っこ」に追いやる

※『時間術大全』(ジェイク・ナップ、ジョン・ゼラツキー／ダイヤモンド社)を参考に制作。

20位 安請け合いせずに「断る」

Point

1 「断る」ことで自分の時間も相手の時間も大切にできる

2 「はっきり」と「上手に」断る

3 つい「YES」と答えてしまわないために準備する

　人から何かを頼まれたときに、断るのが苦手な人は少なくありません。しかし、時間術の本の著者たちの多くは、**ときには「断る」「『ノー』と言う」ことも必要**だと考えています。

　ただし、きっぱり断ると、その後の人間関係にヒビが入ることも。そのため、上手な断り方を身につけることが大切です。

「しょせん、人間には限界があります。

　だとしたら重要でない仕事、もしくはどうしても抱えきれない仕事は捨てて、今抱えている案件の中でも重要な仕事で、きっちりアウトプットを出すことのほうがいいことも多いのです」（森川亮『すべての仕事は10分で終わる』／SBクリエイティブ）

　では、なぜ、人は「断る」ことができないのでしょうか。

　時間術の名著の著者たちの意見をまとめると次の通りです。

◆「断る」のが難しい理由

- 人から**好かれたい**（「いい人」と思われたい）。

- **優先順位**が明確になっていない。
- 人の役に立てるのがうれしい。
- 恩を売っておきたい。
- **他者を助けるのが大事**だと思っている。
- **断り方**を知らない。

---

1 「断る」ことで自分の時間も相手の時間も大切にできる

難しいとしても、ときには断ることも大切です。

◆「断る」のが大切な理由

- 依頼される仕事のすべてを引き受けていると、**本当に意味のある仕事をする時間がなくなる。**
- 時間がないのに無理に引き受けると、**仕事の質が下がる。**
- 最終的にできないと、**相手が困り、自分は信頼を失う。**
- 気の進まない仕事を無理にやっていると**ストレスが溜まり、気分が憂うつになる。**
- 依頼者に**無意識に腹を立てる**ことになる。

「無理なことは最初から引き受けない姿勢が、結果的に相手の時間も自分の時間も大切にすることになります。

『断り術』は、ただラクをするためではなく、相手と真摯につき合うために、大事な関係性を損なわないために必須の時間術です。

それは、自分時間を守り、身軽に人生後半を生きる基本でもあります」（臼井由妃『55歳からやりたいことを全部やる！ 時間術』／日経BP日

② 「はっきり」と「上手に」断る

できないときには、あいまいな返事はせずに、はっきり断ることが大切です。**あいまいな返事をすると、その後の人間関係がうまくいかなくなる恐れがあります。**

では、どのように断ればいいのでしょうか。時間術の著者たちが提唱する、上手に断るコツをまとめました。

◆上手に断るコツ

- **落ち着いた声と態度を保つ**（弱気にならない）。
- 自分の価値観に基づいて**理由を説明する**。
  - 例：「娘との時間を大切にしたいのでうかがえません」
- 断る言葉の前に、**相手の立場を尊重する**言葉を使う。
  - 例：「残念ですが、お引き受けできません」
    「お心づかいはうれしいのですが、今回は難しいです」
    「声をかけてくれてありがたいのですが、あいにく手がいっぱいで」

✕NGの断り方の例

- **頭ごなしに拒否する**
「今忙しいので、その仕事はできません」
「手いっぱいで、無理です」

○上手な断り方の例

●代替案を出す

「すみません、３時までにまとめなければいけない報告書があります。その件でしたら、３時以降に取りかかれます」

●受けたとしても迷惑がかかることを伝える

「お受けしたとしても、すぐには取りかかれません。ご指定の時間に間に合わなくて、逆にご迷惑をおかけすることになるので、申し訳ありませんが、お受けできません」

●後回しにする仕事を聞く（上司からの依頼の場合）

「優先してお引き受けします。今抱えている仕事のうち、どれを後回しにしましょうか」

---

３ つい「YES」と答えてしまわないために準備する

　自分の仕事量が把握できていないと、断ることができずに、つい「YES」と答えてしまいます。**自分がどれくらいの仕事をしているか把握しておくこと**が大切です。

　「手順書をつくると、今の自分の抱えている仕事の『本当のボリューム』が見える化されて、リアルにイメージできるようになります。すると自信を持って『さすがにこれ以上は無理です！』と、NOをいいやすくなるのです」（F太、小鳥遊『要領がよくないと思い込んでいる人のための仕事術図鑑』／サンクチュアリ出版）

寝る前にやったほうがいいこと、やらないほうがいいこと

　仕事が終わってから寝るまでの夜の時間は、「1日の疲れを取る」「ぐっすり眠るための準備をする」ためにリラックスして過ごすことが大切です。

　そこで、本コラムでは時間術の名著100冊に書かれていた「寝る前にやったほうがいいこと」「やらないほうがいいこと」についてまとめていきます。

◆寝る前にやったほうがいいこと

• 寝る1時間前までに入浴する

　温度は38度程度にして、10〜20分間お湯に浸かって徐々に体を温める。40度以上のお風呂に入ると、交感神経を刺激しすぎて眠れなくなる。

　自律神経には交感神経と副交感神経があり、副交感神経が優位になると体がリラックスモードになり、交感神経が優位になると体を活動させる緊張モードになる。眠る前は、リラックスモードがよい。

• 家族や子どもたちと遊んでコミュニケーションを取る

　平日の寝る前は、家族との時間がゆっくり取れるタイミング。家族と語らい、コミュニケーションを取る。

• 読書をする

　ただし、刺激や不安をあおる内容、たとえばスパイ小説などは避ける。

• 静かな自然音やジャズなどを聞く

　ヒップホップなど刺激のある音楽は避ける。

• 部屋を暗くする

　寝る前は、間接照明が望ましい。部屋を暗くすると、眠くなるホルモン「メラトニン」（睡眠ホルモン）が分泌される。

　間接照明がない場合は、小さな照明やアロマキャンドルで代用してもよい。

　ちなみに、メラトニンは夜9時くらいから出始め、夜11時に眠くなるレベルになる。昼間はほとんど出ない。

• ストレッチやヨガ、瞑想、深呼吸をする

　ストレッチやヨガなどの軽い運動は、筋肉をほぐし、体をリラックスさせる。

• 悩みごとを書き出す

　悩みがあると脳は休まらない。書いて頭の外に出す。

• 夕食に鍋物を食べる

　寝る前に体温を上げると眠りやすくなるため、夕食に鍋物や、キムチなどのカプサイシンを含むものを食べる。

　温かい牛乳やバナナもよい。バナナにはメラトニンの材料にな

るトリプトファンが含まれている。

• **背中をリラックスさせる**

　背中をマッサージすると、リラックスし、眠りやすくなる。

　背中をリラックスするストレッチ「猫と牛のポーズ」が寝つき
をよくする。

猫と牛のポーズ

（1）
四つん這いになり、
息を吐く。

（2）
息を吸って背骨を
そらす。目線は上
で喉をのばす。

（3）
息を吐きなが
ら背中を丸め、
おなかを引き
上げる。お尻
は締める。

※『面白いほど役に立つ図解超一流の時間力』(安田正／日本文芸社)を参考に制作。

◆寝る前にやらないほうがいいこと

• パソコン、スマホを見る

パソコンやスマホの画面はブルーライトを発する。ブルーライトは、「昼の波長」のため、脳が昼間と勘違いして、睡眠ホルモンのメラトニンの生成が減り、眠くなくなる。

スマホは手元にあると見てしまうため、寝室とは別の部屋で充電するか、カバンの中にしまう。スマホを見るための敷居を高くしておくのがコツ。

• 興奮する映画・テレビを見る、ゲームをする

映画やテレビを見たり、ゲームをしたりして興奮すると、交感神経が優位になるため、眠りにくくなる。

• 寝る直前に食事をする

胃腸に消化の負担がかかると眠りに入りにくい。寝る3時間前には食事を済ませるのが理想。

帰宅が遅く、夜寝るまでの時間が短い場合は、帰宅の前におにぎりなどで空腹を満たし、帰宅後は消化のよいものにする。

• お酒を飲む

体温が下がると人は眠くなる性質がある。アルコールを飲むと体温が下がるため、一時的に眠くなる。このまま寝てしまうと、3時間後にくらいに目が覚める。原因はアルコールがアルデヒドという物質に変わって、寝ている間に交感神経を刺激してしまうため。

アルコールを飲み終えても3時間程度は我慢して眠らずにいれ

ば、アルデヒドが分解されるため、そのあとは途中で眠りを邪魔されずに済む。

• 明るい部屋で過ごす

明るい光の下にいると、眠りに必要なメラトニンが分泌されない。

• カフェインを摂取する

カフェインは目を覚ますものであり、入眠の大敵。できれば夕方以降から、カフェインの入ったコーヒーや紅茶、お茶を飲むのは避ける。

• 喫煙する

たばこのニコチンにも覚醒作用があるため、夕食以降は控える。

眠りに悩んでいる人は、夜の過ごし方を点検し、やったほうがいいことにチャレンジし、やらないほうがいいことは避けるようにしてみましょう。

ちょっとの変化で、心地よい眠りを手に入れられるかもしれません。

Part.3

限りある時間を大切にし、さらに人生を豊かにする「20のコツ」

ランキング 21〜40位

お金で「時間を買う」

Point

✓ 増えた時間を自己成長や「人生の豊かさ」に使う

21位は、「お金で『時間を買う』」です。

「お金で時間を買う」とは、お金を払って誰か（あるいはツールやサービス）に代行をしてもらい、自分の時間を節約する（使える時間を増やす）ことです。

お金で時間を買う例

- 通勤・通学時間を短縮するために引っ越しをする。
- 飛行機・新幹線・タクシーなど、スピードアップできる移動手段を使う。
- ロボット掃除機・食器洗い乾燥機（食洗機）などの便利家電を利用する。
- ネットスーパーや宅配を利用する。
- ベビーシッター・家事代行サービスを利用する。
- 事業を拡大するためにM&A（合併と買収）を行う。既存事業の拡大や新規事業を立ち上げるには時間がかかるが、すでに実績を持つ企業を合併・買収すれば時間を短縮できる。
- 業務のアウトソーシング（外注）をする。

100冊の著者の意見を整理すると、「お金で時間を買ったほうが

いい理由」は、おもに次の４つです。

◆**お金で時間を買ったほうがいい4つの理由**
(1)時間は有限なので、あれもこれもできないから。
(2)増えた時間を仕事や勉強に使うことで、使ったお金以上のリターン（収入）が得られるから。
(3)増えた時間を「楽しい経験」に使うことができるから。
(4)お金よりも時間に意識を向けたほうが、幸福度が上がるから。

「時間は平等であると同時に、『有限』です。（略）

　このことだけを考えてみても、時間が最も価値が高いのです。僕たちの生きている世界は、希少性のあるものに価値が集まります。よって、時間も価値が高くなります。人によってはお金のほうを優先してしまいますが、これは完全に間違いと言っていいでしょう」（長倉顕太『「やりたいこと」が見つかる時間編集術』／あさ出版）

「金を払って面倒な雑事から自分を解放するということは、マイナスの人生経験を減らし、プラスの人生経験（それをするための時間を手に入れたので）を増やすことになる。これで、幸福感が増さないはずがない」（ビル・パーキンス『DIE WITH ZERO』／ダイヤモンド社）

　過ぎてしまった時間を取り戻すことも、時間を直接的に買うこともできません。しかし、**お金を支払うことで、間接的に「使える時間」を増やすことは可能**です。

午後のスタミナ切れは昼寝で防ぐ

　午後の眠気や疲労を取り除く最良の方法が、「昼寝（仮眠）」です。100冊中18冊に、「昼寝の効用」が紹介されていました。

「食後や仕事中などに『眠いな…』と感じることがあるでしょう。そういった時は、思い切って寝てしまうのが効果的です」（遠藤拓郎『朝5時半起きの習慣で、人生はうまくいく！』／フォレスト出版）

　眠気を感じながら作業を続けると、効率が下がります。眠くなったら我慢せずに昼寝をしたほうが、脳のパフォーマンスアップが期待できます。NASA（アメリカ航空宇宙局）の実証実験（NASA Nap）によると、「26分間の仮眠で、睡眠前よりも認知能力が34%、注意力は54%も向上した」という結果が出ています。

「仮眠も、その後の作業の効率を向上させるには有効です。仮眠せずにそのままの状態で作業を進めた場合と比べると、仮眠の後には、失敗が起きにくくなり、作業効率が上がることが知られています」（一川誠『「時間の使い方」を科学する』／PHP研究所）

「朝、太陽の力ですっきり目覚めても、フル回転で稼動していれ

ば、午後には次第にパワーダウンして眠くなってきます。こんなときは無理して起きていないで、昼寝をすべきです。私自身、午後の活動を充実させるため、毎日の昼寝は欠かせません」（本田直之『レバレッジ時間術』／幻冬舎）

昼寝に適した睡眠時間については、著者によってバラつきがありましたが、整理をしたところ、
「個人差があるが、おおむね10〜30分程度が最適」
「30分以上寝てしまうとかえって疲労や倦怠感を覚えやすい」
ことがわかりました。

◆効果的な昼寝の取り方

・昼寝の前にカフェイン（コーヒー、紅茶、お茶など）**を摂る**

カフェインの覚醒作用があらわれるには、摂取後30分程度かかるといわれています（摂取量にもよります）。

カフェインを摂ったあとに昼寝をすると、起きるタイミングでカフェインの覚醒効果があらわれ、すっきりと目覚めることができます。

・午後3時以降は昼寝をしない

夕方に昼寝をすると、夜の寝つきが悪くなることがあります。

・目を閉じるだけでも脳を休めることができる

椅子に座って（横になって）10〜20分、目を閉じて体を休めるだけでも、脳の回復効果を得ることができます。

タスクを細分化して
一歩ずつ取り組む

Point

☑ **ボリュームのあるタスクは「行動レベル」に分解する**

「目標が大きすぎて実感が湧かない」「難易度が高すぎて、努力する気にならない」「手順があやふやで、何から手をつけていいかわからない」といった理由で動き出せないときは、「行動できるレベルまでタスクを細分化する」と、動きやすくなります。

タスクを細分化するメリット

- すぐに動き出すことができるため、時間がムダにならない。
- 分業が可能になる。
- 作業を中断しても、すぐに作業を再開できる。
- 作業全体の何%達成したか、進捗状況がわかる。
- ひとつの作業をやり遂げるたびに達成感を味わえるため、モチベーションが持続する。
- ゴールまでの時間を正確に割り出すことができる。
- 全体の作業量が可視化される。

　滝井いづみさんや、マイケル・ボルダックさんは、著書の中で「象を食べるのならひと口ずつ」というアフリカの格言を紹介していました。

「大きな象もひと口サイズに切って食べれば、全部食べることが

できる」。すなわち、「**大きな目標も、小さく分割して対処すれば、実現できる**」のです。

では、どこまで細かく分解すればいいのでしょうか？　時間術の名著に書かれてあった「細分化のヒント」を紹介します。

◆**どこまで分解すればいいの？**

- 「これならできる」「すぐに行動できる」と確信が持てるレベルまで小さくする。
- **自分自身が経験したことのあるタスクレベルまで**分解する。
- **15分単位**の小さなタスクに分解してスケジュール管理をする。

「『部屋を整理する』ではなく『ペンをペン入れに戻す』『レシートを捨てる』など、すぐに実行できるところまで分解することが大切です。

　脳は、ものごとを『パック』してとらえたがりますが、それでは実行できないので、パックからひとつずつ取り出して、すぐに実行できるところまで分解していく必要があるのです」(佐々木正悟『先送りせずにすぐやる人に変わる方法』／KADOKAWA)

実行できるレベルに細分化する

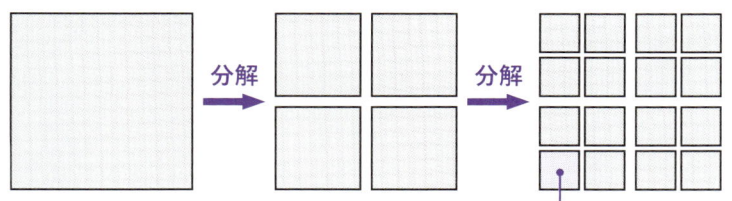

細分化したほうが、すぐに動き始めることができる

「相手の時間」を奪わない

Point

✅ 自分の時間だけでなく「他人の時間」も大切にする

　時間術の名著には、「**時間＝命（寿命）**」「**時間のムダ使い＝命の ムダ使い**」という指摘が数多く見受けられました。だからこそ、 自分の時間を大切にするのは当然として、「他人の時間も尊重すべ き」と結論づけています。

　「時間というのは、命を削って生まれるものだと思います。私た ちは普段気にせずに、何気なく過ごしていますが、よく考えると 『死ぬ』ことに向かって進んでいるのです。そう考えると、相手と の約束に遅刻することは、本当に怖いことだと思います。自分の せいで、相手の貴重な時間を奪っていることになるのですから」 （池田千恵『「朝４時起き」で、すべてがうまく回りだす！』／PHP研究所）

　「あなたから時間を奪う人は、端的に言って『悪い人』である。

　その人はあなたの人生の価値の源泉、すなわち時間を削り取っ ていくからだ。

　そういう人間は、『他人時間の猛獣』そのものだ」（堀江貴文『時間 革命』／朝日新聞出版）

　以下に、時間術の名著に書かれてあった「相手の時間を奪う人

の特徴」と「相手の時間を奪わないコツ」をまとめます。

◆相手の時間を奪う人のおもな特徴

- 常に時間に追われていて、**約束の時間に毎回遅れてくる。**
- 自分の仕事が周りの人に**待たれているという意識が薄い。**
- **締め切りを平気で破る。**
- **メールや文章がやたらと長い。**
- 調べればわかることでも、**すぐに人に尋ねる。**
- 相手の都合を考えず、**すぐに電話をかける。**
- **退社時間間際に、部下に仕事を振る。**

◆相手の時間を奪わないためのコツ

- 「すみませんが〇分いただけますか？」と**事前に時間を伝え、その時間を厳守する。**
- メールを読んだら早めに返信する（相手が返信を待つ時間を最少にする）。
- メールでアポイントを取るときは、**情報の不足がないようにする**（たとえば、打ち合わせ場所にもっとも近い最寄駅と出口まで明記しておけば、相手が自分で調べる必要がない）。
- **締め切りよりも早く**納品する（相手の時間を節約できる）。
- 電話をかける**時間帯を考える**（始業直前・直後、ランチタイム、終業直前・直後などは避ける）。
- 「他人が関わっている仕事」から優先的に行う。
- 約束の10分前には訪問先の近くに到着しておく。
- メールやチャットは**簡潔にまとめる**（長文にしない）。

25位 「ひとりの時間」を持つ

☑「内省する時間」をスケジュールに組み込む

　25位は、「『ひとりの時間』を持つ」です。100冊の著者の多く が、「意識的に、ひとりで考える時間を持つ」ことの重要性を述べ ています。「ひとりの時間」をつくらないと、目の前のことに追わ れてしまい、

「緊急ではないが、未来のために重要なことが後回しになってしま う」

「内省（自分の言動を客観的に見つめること）ができない」

「自分の目標や進むべき方向性が見えなくなる」

　といったリスクがあるからです。

「静かに内省する時間を確保しましょう。1時間である必要はあ りません。心を思考で満たすためだけの時間を、まずは30分、あ るいは15分からでもよいので、始めてみましょう」（キャシー・ホー ムズ『「人生が充実する」時間のつかい方』／翔泳社）

◆「ひとりで考える時間」を持つときの2つのポイント

(1) スケジュールに組み込んでおく

「どこかで30分時間が空いたら、考えごとをしよう」と思ってい ると、考える時間はなかなかつくれない。

「毎日、帰宅したあとの15分を内省の時間にあてる」

「毎週月曜日の朝、外出前に１時間散歩をしながら、さまざまな選択について考える」

「経営に関する計画は、週に一度、３時間かけて考える。個人的な目標については、毎朝10分、考える」

　といったように、**「ひとりで考える時間」をあらかじめスケジュールに組み込むとよい。**

「多数の瑣末なことのなかから少数の重要なことを見分けるためには、誰にも邪魔されない時間が不可欠だ。ただし、この忙しい世の中で、そんな余裕が自然に生まれるわけがない。あえて時間をとらなければ、誰も考える余裕など与えてくれない」（グレッグ・マキューン『エッセンシャル思考』／かんき出版）

(2) 邪魔が入らない環境に身を置く

　考えるときは、スマホ、パソコン、テレビなど、「集中力を削ぐもの」「思索の邪魔になるもの」を身の回りに置かないようにする。

「まずスマホの音を切るなり、メールの画面は立ち上げないなど、なるべく邪魔が入らない環境に身を置くことが欠かせない。チャットやメール、電話、SNSなどで深く掘り下げた思考を中断されては、せっかく調整したスケジューリングも台なしになってしまう」（佐々木大輔『「３か月」の使い方で人生は変わる』／日本実業出版社）

Point

✓ 複数の場所を使い分けると、集中力が途切れにくい

26位は、「集中できる環境をつくる」です。

時間の使い方に精通する著者の多くが、

「環境を変えると、集中力も変わる」

と述べています。

ワークスタイル＆組織開発専門家の沢渡あまねさんは、会社内での割り込み仕事を減らすためには、「雲隠れするのも大事」として、**「戦略的雲隠れ」**をすすめています。

雲隠れの方法は、

「①在宅勤務（テレワーク）」

「②山篭り」

「③時差出勤」

の３つです。

「山篭りといっても、本当に山に篭るわけではありません。『会議室に篭る』『社員食堂で仕事する』など、ほかの人に話しかけられにくい、自分なりの『山』（＝作業集中スポット）を探して仕事するのです」（『仕事の問題地図』／技術評論社）

時間術の著者は、会社・自宅・カフェ・図書館など、自分が集

中できる環境を複数持っています。

　実際の使い分け例をご紹介します。

• 沢渡あまねさん……学生時代は**図書館**にこもって試験勉強。

• 吉山勇樹さん……社内の**会議室**を借りて集中時間をつくる。
「会議室を１時間予約して、その間は一切外部からの連絡をシャットアウトして、集中して作業に取り組みました」（『残業ゼロ！
仕事が３倍速くなるダンドリ仕事術』／明日香出版社）

• 森川亮さん……**トイレの個室**にこもって仕事。日中にまとまった時間ができたら、いったん帰宅して**自宅**で仕事。

• 塚本亮さん……アイデアを出したいときは**野外テラス席のあるカフェ**、集中力が必要なときは**落ち着いた雰囲気のカフェ**。

• 金川顕教さん……会社員時代には、仲間と２人で**事務所**を借りていた。

• 伊藤真さん……**仕事部屋・リビング・会社**を使い分ける。
「自分の机で仕事をしていて、集中力が落ちてきたら、リビングへ行く。今は自宅と会社が近いので、夜中に会社まで自転車を飛ばして行ってしまうこともある」（『夢をかなえる時間術』／サンマーク出版）

27位 中身がない・ムダな会議をなくす

Point

☑ **会議の目的と議題は必ず事前に共有する**

100冊の中で、コンサルティングに従事する著者の多くが、「ダラダラ続くムダな会議をなくすべき」と指摘しています。

働き方デザイナーとして企業のアドバイザーを務める越川慎司さんは、『AI分析でわかったトップ5％社員の時間術』（ディスカヴァー・トゥエンティワン）で、次のように述べています。

「各企業の社内会議を3年半、総計1.9万時間録画して分析したところ、残念ながら、そのうちの37％が成果の出ない会議でした。当初予定していた目的が果たされなかった会議が3分の1以上あったのです」

100冊に書かれてあった「会議の生産性を高めるポイント」をまとめてみました。

◆生産性の高い会議のポイント

（1）会議の進行を職責上位者（上司）に一任しない

職責上位者の一方的な発言が続き、部下が発言できない（部下の意見が通らない）ことがある。

(2)アジェンダや資料を事前に配布しておく

アジェンダ（議題・目的やゴール・開催日時・場所・議題の順序と時間配分・参加者などをまとめた資料）を事前に共有しておくことで、議論が進めやすくなる。

「資料説明とその内容に関する細かい質疑応答だけで会議時間の半分が消費されてしまう場合さえあるので、『原則として資料の説明は禁止』というルールを作れば、会議の生産性は大幅に上昇します」（伊賀泰代『生産性』／ダイヤモンド社）

(3)結論は必ず出す

議題の堂々巡りや、結論の先送りは時間の損失となる。

また、会議で決まった結論を実現するために、「**会議終了後に各自が現場で何をするか」を明確**にする。

(4)自分の意見やアイデアは事前に考えて持ち寄る

アイデアをその場で出そうとすると、時間がかかり議論が錯綜することになる。

(5)会議の冒頭で「会議の終わり時間」を確認する

制限時間を設けることで、集中力を高められる。予定時間を過ぎてダラダラ話し続けても、質の高い結論を導き出すことはできない。

ささいなことで
悩みすぎるのを賢く防ぐ

28位

☑ **迷う時間、決断の回数を減らす**

　時間術の著者の多くは、ささいなことで悩みすぎるのは「時間のムダ」と考えています。**悩む時間が長くなるのは、「失敗をしたくない」という気持ちのあらわれ**です。

　「なぜ迷っているかというと、迷っている間は、決めなくていいから、実行しなくていいから。そうやって、結果が出るのを遅らせているわけです。

　なぜ遅らせるかというと、結果が出てしまって、失敗したことが明らかになってしまうのが怖いから。要するに、失敗に対する不安です」（小宮一慶『どんな時代もサバイバルする人の「時間力」養成講座』／ディスカヴァー・トゥエンティワン）

◆悩みすぎない人になるための7つの方法

(1) 日用品、消耗品は「定番」を決めておく

　洗剤、シャンプーなどの日用品は「いつも同じものを買う」「一番安いものを買う」といったルールを決めておく。

(2) 専門家に聞く

　たとえば、「Aの薬を買うか、Bの薬を買うか迷う」のであれば、

早めに薬剤師に聞いたほうが時間の節約にもなる。

(3) コイントスで決める

「表が出たら商品Ａ、裏なら商品Ｂを買う」と決めてコイントスをしたとする。表（商品Ａ）が出たときに納得できなければ、商品Ｂを選ぶようにする。コイントスをきっかけにして、自分の本心に近づくことができる。

(4)「いつまでに決める」とデッドラインを決める

即決できない場合は、「いつまでに決める」とデッドライン（締め切り）を決めると、先延ばしを防ぐことができる。

(5) 最初に思いついたほうを選ぶ

「ファーストチェス理論」によると、チェスの名人が「５秒で決めた手」と「30分考えた手」が86％も一致するという。つまり、**長く考えても、最初に思いついた決断とほとんど変わらない。**

(6) 重要な決断は「夜」ではなく「朝」にする

尾石晴【ワーママはる】さんは「選択疲れ」を指摘。
「朝１番だったらたいして迷わないことでも、夜になると迷ってしまう。それは脳が疲れているからです」（『やめる時間術』／実業之日本社）
選択疲れを防ぐには、選択力のある朝が適している。

(7) とりあえず仮決めして、実行しながら修正する

仮決めでも行動することで、悩む時間を短くできる。

「好きなこと」に時間を使う

Point

☑ 人生の時間は有限。やりたくないことは最小限に

　時間術の名著を読むと、
「やりたくないこと、嫌いなことに時間を使ってはいけない」
「やらされている仕事の時間を減らし、やりたいことに時間を使うべき」
「通勤、したくない電話、気を使う飲み会など、他人のための時間を生きてはいけない」
　という考えが目立ちました。

　仕事では、「やりたくないけれど、やらざるを得ないとき」もあります。しかし、
「苦手な分野ではなく、自分の得意な分野（好きな分野）で力を発揮する」
「苦手なこと、嫌いなことは人に頼む（外注する）」
「嫌いなことに時間をかけず短時間で終わらせる方法を考える」
　といった工夫をして、やりたくないことをする時間を減らすことも必要です。

「嫌いなことに携わる時間とは、人生における『無駄な時間』とも言い換えられます。無駄な時間こそ、人生における一番の損で

す」（大住力『一度しかない人生を「どう生きるか」がわかる100年カレンダー』／

ディスカヴァー・トゥエンティワン）

◆好きなことに時間を使ったほうがいい理由

- **モチベーションが高くなる**から。
- **精神的に健康でいられる**から（我慢してやりたくないことを続けると体調を崩しかねない）。
- 「**楽しかった**」「**幸せだ**」といった充足感を得られるから。
- 自分のやりたいことが、**周囲の幸せ**にもつながっているから。
- 得意なことを伸ばしたほうが、**差別化が図れる**から。
- 「好きこそものの上手なれ」で、**好きなことをしたほうがスキルを高めることができる**から。
- 好きなことに時間を割くほうが**集中力が高くなる**から。
- **他人の目が気にならなくなる**から。

「これからはアクセルを踏み続けることをやめて、好きなことや楽しいことを選んで、自分の心が喜ぶことに人生の在庫時間の多くを使っていきましょう。

『わがままに見えるのでは？』と思う方がいるかもしれません。

しかし、『社会の役に立ちたい』『周囲の人を笑顔にしたい』という視点があれば、それは少しもわがままではありません」（臼井由妃『55歳からやりたいことを全部やる！　時間術』／日経BP日本経済新聞出版）

「明日やること」は前日の夜に考える

✓ 「明日のタスク」を書き出して、優先順位をつけておく

　30位は、「『明日やること』は前日の夜に考える」です。100冊中12冊に、**「今日やることを今日決めない」**というアドバイスが記されてありました。

　明日やることを今夜のうちに考えておけば、「脳のゴールデンタイム（＝朝）を有効に使える」ようになります。
　朝、目覚めてからの２、３時間は脳が活発に働くため（4位に詳述）、この時間に１日の予定を考えるのはもったいない時間の使い方です。

　朝のスタートダッシュを決めることができれば、仕事の効率もアップします。朝の時間帯は集中力が高いからです。
　吉武麻子さんの『目標や夢が達成できる１年・１カ月・１週間・１日の時間術』（かんき出版）には、「前日のうちにスケジュールを立てる場合と、立てなかった場合を比べると、タスクの完了時間に１時間以上の差が生まれることもある、と言われています」と書かれてありました。

　「一日は『前の晩から』スタートする」「１日の終わりが翌日の始

まり」と主張する著者もいます。弁護士の伊藤真さんと、教育コンサルタントの塚本亮さんです。

「私の一日のスタートは、前の晩からだ。
　夜の講義が終わり、会社の自分の仕事部屋に戻ってくるのが、毎日だいたい夜十一時すぎ。ここから、『翌日やらなければならないこと』を考える」（伊藤真『夢をかなえる時間術』／サンマーク出版）

「『すぐやる人』は、1日の終わりが翌日の始まりだと考えているので、帰宅前に資料の整理をしたり、机を整理整頓したりしています。
　そして、やることリストを作成し優先順位をつけて、翌日の流れを30分単位で予定を調整し、書き出しておくことで、翌日の朝一番から取りかかれるように頭と心の準備をしておきます」（塚本亮『「すぐやる人」と「やれない人」の習慣』／明日香出版社）

　生産性向上のための仕事と時間の管理法として、箱田忠昭さんの『「できる人」の時間の使い方』（フォレスト出版）で紹介されていたのが、アイビー・リー・メソッドです（アイビー・リーはアメリカの経営コンサルタント）。このメソッドは、「シンプルで効果が高い」と評価され、100年以上もの間、世界中で活用されています。
「①夜寝る前に、次の日にやることをいろいろ思い起こせ
　②それに優先順位をつけて紙に書け。六つくらいでいい
　③翌日、その紙を背広のポケットに入れて出社せよ
　④会社に着いたら、紙に書いたとおり一番から実行していけ」

「ショートカットキー」「辞書機能」をマスターする

Point

✓ 入力やキー操作が速くなれば作業時間を短縮できる

　31位は、「『ショートカットキー』『辞書機能』をマスターする」です。デジタルツール（パソコンやスマホ）は多くの人が仕事で毎日使うものです。文字入力ひとつとっても、速くできれば、それだけ時間の節約になります。

「いわゆる正確な『ブラインドタッチ』ができるかどうかで、仕事のスピードは決定的に変わってくる。ブラインドタッチが不自由なくできる人は見ていると３分の１かそれ以下のようで、不思議なくらい多くの人ができないまま放置している。このレベルによって仕事のスピードも気分も大いに影響される」（赤羽雄二『速さは全てを解決する』／ダイヤモンド社）

「ブラインドタッチ」とは、モニターに目を向けたまま正確に文字や数字を入力する技法のことです。

　時間術の著者たちからとくに指摘の多かったのが「入力やキー操作の短縮化」です。ポイントはおもに次の３つです。

◆「入力やキー操作の短縮化」の３つのポイント
（1）よく使う言葉は「辞書登録」する

「辞書登録」は、単語とそれに対応する読み方などを登録できる機能のこと。単語だけでなく、文章や住所、メールアドレスの登録もできる。よく使う言い回しや取引先の社名などは登録しておくと、全文を打たずに済み、誤字も防げる。

辞書登録の例
- 「おつ」➡「お疲れ様です。△△（名前）です。」
- 「おせ」➡「お世話になっております。○○会社の△△です。」
- 「どう」➡「どうぞよろしくお願いします。」

(2)ショートカットキーを駆使する

「ショートカットキー」とは、キーボードの複数のキーを組み合わせて入力することで、特定の機能を実行させるキーの総称。できるだけマウスを使わないことで、時短になる。

覚えておきたいショートカットキー（Windowsの場合）
- Ctrl＋W：ウインドウを閉じる
- Ctrl＋Z：1動作元に戻す
- Shift＋Alt＋上下矢印：入力した行を上下に動かす
- Ctrl＋V：貼り付ける
- Ctrl＋S：保存する

(3)ブラインドタッチをできるようにする

　ネットで「タイピングソフト」を検索するとさまざまな練習ソフトが見つかる。

取りかかる前に作業時間を見積もる

☑ 自分が思う時間より「多め」に見積もる

　時間術の名著は、作業時間を見積もることの重要性を指摘しています。見積もらなかったり、時間の見積もりが甘ければ、「締め切りに間に合わない」事態が発生するためです。

　「たいていの人は、実際にかかる時間より少なく見積もって、『まだ終わらない！』と時間に追われる状況を作り出しています。
　見積もり時間を立ててなかったり、立てた見積もり時間が甘すぎたりすると、結果的に計画倒れが生じ、夢半ばで行動も止まってしまいます」（吉武麻子『目標や夢が達成できる1年・1カ月・1週間・1日の時間術』／かんき出版）

　吉武さんも書いているように、人は「実際よりも短く見積もる」傾向があります。**時間を見積もるときは、「多め」に見積もっておくのが賢明**です。

　では、「多め」とはどのくらいでしょうか。さまざまな意見がありますが、そのほとんどが「かかると思う時間の1.3倍から2倍弱」の幅に収まっていました。平均をとって、**自分が思う見積もりの1.5倍くらいの時間に設定する**のがよさそうです。
　「1時間かかりそう」と思うのであれば「1時間半」で、「2時間

かかりそう」と思うのであれば「3時間」で見積もっておくといいでしょう。

　また、時間の見積もりの精度を上げていくには、見積もり時間を事前に書き出しておき、**実際にかかった時間との誤差を知る**ことが大切です。もし、見積もり以上に時間がかかった場合は、その原因を考えます。

　ギックス共同創業者の田中耕比古さんは、『仕事の「質」と「スピード」が上がる仕事の順番』（フォレスト出版）で、「**作業時間は細かい作業単位で、長くても1〜2時間程度、短ければ5〜10分単位で見積もる**」ことを推奨しています。
「**この考え方のよいところは、予定通りの時間で作業が終わらなかったときに、どこに原因があるのかがわかるところです。どの作業が想定よりも長くかかったのか。それはなぜなのか。見積もりが甘かったのか、不測の事態が起こったのか、など細かな単位で原因を振り返ることができます**」

　飯野謙次さんは『仕事が速いのにミスしない人は、何をしているのか？』（文響社）で次のようにアドバイスしています。
「**最初のうちはその予測ははずれるかもしれませんが、繰り返していくうちに、ほとんど誤差なく計算できるようになります。あるいは、依頼をしてきた人に、**
『この仕事はどのくらいの時間がかかると思いますか？』
**　と尋ねてしまうのも妙手です**」

**1日の「時間割」を
つくっておく**

Point
☑ **何をどういう順番でやるか決めておく**

　時間術の著者の多くは、「1日の時間割を決めておく」ことを推奨しています。小学校や中学校では、時間割があったために、バランスよくいろいろな科目を学べました。大人になっても**時間割をつくることで時間を有効活用できます**。

「『何をするかは、その日ごとに自由に決めていい』ということだと、よほど自分をきちんとコントロールできる人でなければ、**何をしたらいいのか迷ったり、ダラダラと過ごす時間が多くなってしまうのではないでしょうか**」（本田直之『レバレッジ時間術』／幻冬舎）

1日の時間割を決めておくメリット

- 枠を設けることで「完結させよう」というモチベーションが増す。
- 毎日決まった時間に始めたり、終わらせたりすることで習慣化する。習慣化によって集中力が高まる効果がある。
- 1日の予定をあらかじめ考えておくことで、1日を自分でコントロールしている意識が持てる。
- 次に何をすべきか考える必要がないのでムダに疲れない。

　時間割のつくり方は著者によってさまざまです。会社に着いたら、その日にやることをリストアップして時間を決めていったり、30分以上かかる仕事をGoogleカレンダーにどんどん登録している人もいました。

　大切なのは、**事前にその日に何をどういう順番でやるか決めておくこと**です。

　目標実現の専門家でメンタルコーチの大平信孝さんは、『やる気に頼らず「すぐやる人」になる37のコツ』（かんき出版）で、1日を5分割し、それぞれの時間帯に合った仕事を割り振る方法を紹介しています。

「①就業前まで」

　自分にとって大事なことを組み込む。たとえば、運動や勉強など仕事以外のこと。

「②午前中」

　集中しやすい時間のため、**頭を使う仕事や創造的な仕事**を組み込む。中長期の計画立案や企画書・提案書の作成など。

「③15時まで」

　集中力が途切れやすい時間帯。会議や打ち合わせなど、**他の人と一緒にする仕事**を組み込む。

「④勤務時間終了まで」

　勤務終了までの締め切り効果があるため集中しやすい。報告書の作成や各種手続きなど、**面倒だけど必要な仕事**を組み込む。

「⑤就寝まで」

　仕事のことは忘れ、**リラックスや楽しみ**に時間を使う。

34位 時間の使い方も PDCAサイクルで改善

✓ **計画は8割の精度で立てる**

34位は「時間の使い方も PDCA サイクルで改善」です。PDCA サイクルを回して時間の使い方の問題点を洗い出し、改善策を見出すことで、時間をうまく使えるようになっていきます。

> ◉PDCA サイクル……Plan（計画）、Do（実行）、Check（測定・評価）、Action（対策・改善）の4つの頭文字を取ったもの。4つの段階を循環させ、継続的な業務の改善を促すマネジメント手法。

PDCAサイクルを回す

Plan （計画を立てる）	Do （実行する）

PDCA サイクル

Action （対策・改善する）	Check （測定・評価する）

時間の使い方の達人たちの意見をまとめると、PDCAサイクルを回すときのポイントは次の3つです。

◆PDCAサイクルを回すときの3つのポイント

(1) 結果だけでなくプロセスをチェックする

トヨタで実践されている段取りをまとめた書籍『トヨタの段取り』（OJTソリューションズ／KADOKAWA）では、スケジュールの遅れが生じたときなど、力業で問題を収めたとしても、「いずれ取り返しがつかない事態となり、大きなトラブルとな」ると指摘。解決策として、「『プロセスの途中でムリはなかったか』をしっかりチェックすることが大切です。もしスケジュールに遅れが生じたのであれば、そこには必ず問題があるはずです」とプロセスをチェックする大切さを述べている。

(2) 計画は8割の精度で立てる

計画通りに進まなかったときにストップする恐れがあるため、計画は細かく立てすぎないようにする。

(3) 計画に時間をかけすぎない

飯田剛弘さんは、『仕事は「段取りとスケジュール」で9割決まる！』（明日香出版社）で、「詳細なスケジュールを組むために多くの時間を割くのではなく、大まかなスケジュールを立てて、すぐにやってみる。そして振り返り（C）、そこで得た教訓や学びをもとにスケジュールの組み方を改善する（A）」と、その結果として、「今までよりも時間を有効活用できる」ようになると記している。

35位 成長のために時間を使う

Point

☑ **自己投資の時間をスケジュールに入れておく**

　時間の使い方に精通する著者たちの多くが、「自分の成長のために時間を使う」「自己投資の時間をつくる」ことを推奨しています。**自分のスキルを磨いたり、知識を増やしたりすることで自己成長につながり、人生が豊かになる**からです。

　「今の情報革命の時代は、これまでにないスピードで社会が動いているのです。今の仕事だけやっていては、将来どころか現状のビジネスの動きにもついていけない人材になってしまいます。
　ムダな時間を自覚して、それらを減らした分、勉強の時間に当てましょう」（高嶋美里『あなたの1日を3時間増やす「超整理術」』／KADOKAWA）

　中谷彰宏さんは次のように記しています。
　「『忙しいから勉強する時間がない』『時間ができたら勉強しようと思います』と言う人は間違っています。
　それをやっていると、永遠に時間ができません。
　仕事はどんどん増えるからです。
　勉強をする理由はたった1つです。
　時間が生まれるからです」（『一流の時間の使い方』／リベラル社）

自己投資すると時間が生まれるしくみは次の通りです。

自己投資で時間が生まれるしくみ

自己投資（時間やお金）をする
⬇
スキルアップができる
⬇
それまでより短時間でタスクがこなせるようになる
⬇
時間が生まれる

では、どのようにして自己投資の時間を確保すればいいのでしょうか。

塚本亮さんは「自分を磨くためのインプットの時間を徹底して確保する」ことをすすめ、「私の場合であれば、読書する、英語の勉強をする、ジムへ行く、セミナーに参加する、会いたい人に会う、整理整頓する、などの自己投資の時間をしっかりとスケジュールに落とし込んでいます」（『「すぐやる人」と「やれない人」の習慣』／明日香出版社）と記しています。

自分の予定を後回しにしがちな人ほど、自己投資の時間も、意識してしっかり確保しましょう。

まず「全体像」を描く

☑ 目の前だけを見ていると時間や作業のムダが出やすい

　36位は、「まず『全体像』を描く」です。多くの時間術の名著が、仕事を始める前も仕事中も、全体像を把握し意識することの大切さを説いています。

　全体像とは、ブレークスルーパートナーズ創業者のひとりである赤羽雄二さんの言葉をお借りすれば、「**最終成果が何で、それを出すためにどういう要素があってどういうステップと段取りを踏んで成果につなげるのか、どこから手をつけると最も効果的なのか、そういったこと全て**」（『速さは全てを解決する』／ダイヤモンド社）です。

　100冊の著者たちの意見をまとめると、仕事をする前や仕事中に全体像を把握しておくメリットは次の7つです。

「全体を把握する」7つのメリット
①どの部分が大事で、どの部分がそれほどでもないかがわかるため、大事でないところに時間をかけずに済む。
②どこにどれだけの時間をかければいいか、目安をつかみやすい。

③優先順位をつけやすい。

④全体像を理解して取り組むと、目の前の仕事の重要性がわかるためミスが減る。

⑤全体を気にしながら仕事をすると、先に起こるリスクを予想しやすくなる。

⑥余計なことに惑わされず、目標達成に集中できる。

⑦全体を意識しているとコンセプトからずれることがなくなる。

とはいえ、仕事に集中していると、目先のことにとらわれ、視野が狭くなることもあります。

インバスケット研究所代表取締役の鳥原隆志さんは、原稿を書く際などにチェックリストを使って視野が狭くなっていないか確認をしています。

「□ いま書いている文章は何章の何項か理解している

　□ この本のタイトルを覚えている

　□ この本の目的やコンセプトを理解している」（『一生使える「段取り」の教科書』／大和出版）

すぐに浮かんでこないときは、いったん休止するそうです。

全体像をつかむためには、

- 目的や工程を意識する
- 年間プラン、月間プラン、週間プラン、デイリープランを常に1度に眺め、今日こなすことをつかむ

ことが大切です。

テレワークは「自分ルール」で生産性が上がる

Point

☑ 家ならではの環境を考慮して工夫する

37位は「テレワークは『自分ルール』で生産性が上がる」です。

> ●テレワーク……「情報通信技術（ICT ＝ Information and Communication Technology）を活用し、時間や場所を有効に活用できる柔軟な働き方」のこと。Tele（離れて）と Work（仕事）を組み合わせた造語（厚生労働省）。
>
> ※時間術の名著の中には、ほぼ同じ意味の言葉として「リモートワーク」も使われていましたが、本書では「テレワーク」に統一しました。

コロナ禍で、テレワークを採用する企業が増えました。通勤時間はなくなったものの、自分の裁量で時間をコントロールしなければならないため、慣れないと生産性が下がることも。

100冊の時間術の名著では、テレワークならではの時間の使い方や生産性を上げる方法について触れられていました。

滝井いづみさんは、『時間を「うまく使う人」と「追われる人」の習慣』（明日香出版社）で、次のようにアドバイスしています。
「まず『自分が守るべきルール』『これに乗っかることでうまくいく仕組み』などを書き出して明確にしましょう」

　また、吉武麻子さんと物理学者の二間瀬敏史さんが監修する『時短・効率化の前に今さら聞けない時間の超基本』（朝日新聞出版）では、次のように書かれています。

「自宅にいることで仕事中も家事や雑用に意識が向きやすくなるので、家事から離れる時間を設けるようにしましょう」

　100冊の時間術の名著に書かれていたテレワークの生産性を上げるためのポイントをまとめると、次の通りです。

◆テレワーク中の生産性を上げるポイント

- 仕事の**「開始時間、終了時間」を明確に**する。
- 着席時は**カメラをオン**にして仕事をする。
- 集中できる**仕事場のスペース**を設ける。
- 決めた仕事時間は、**家事をしない**。
- 生産性の高い**起床後3時間**に仕事をする。
- 「夜は仕事をしない」など、**働く時間をはっきりさせる**。
- 集中力を欠くものを仕事場の近くに置かない。
- 夫婦ともにテレワークの場合、どちらかに家事負担が増えすぎないように**パートナーに配慮**する。
- 仕事中に台所に行かなくて済むよう**飲み物はマイボトルに**。
- ノイズキャンセリング・ヘッドホンで**雑音をカット**する。

ポモドーロ・テクニックで「ダラダラ」から抜け出す

38位

Point

✓ **タイマーを使って「集中」を管理する**

　タイマーを使って時間を管理する方法として、世界的に有名なのが「ポモドーロ・テクニック」です。100冊の時間術の名著でもしばしば紹介されていました。

> ◉ポモドーロ・テクニック……「25分間の勉強＋3〜5分の休憩」を繰り返す時間管理術。イタリア人のフランチェスコ・シリロが考案。「ポモドーロ」とはイタリア語で「トマト」のこと。シリロが使用していたトマト型のキッチンタイマーに由来。「25分＝1ポモドーロ」と呼ばれる。

ポモドーロ・テクニックを使うと
- タイムプレッシャー（制限時間内に終わらせようという意識）が働き、**集中できる**
- **スピードがアップする**
- 「集中時間と休憩時間」の繰り返しによって、**仕事のペースが整う**
　などの効果が期待できます。

ポモドーロ・テクニックのやり方

①タイマーを「25分間」にセットする。

↓

②決めておいた作業を開始する。

（「予定外のこと」「スマホのチェック」「電話」などの理由で中断した場合は、

やり直す）

↓

③タイマーが鳴ったら3〜5分間、休憩する。

↓

④①〜③を繰り返す。

↓

⑤「25分間の集中＋3〜5分の休憩」を3〜4回繰り返したら「15〜30分間」休憩する。

ポモドーロ・テクニックの流れ

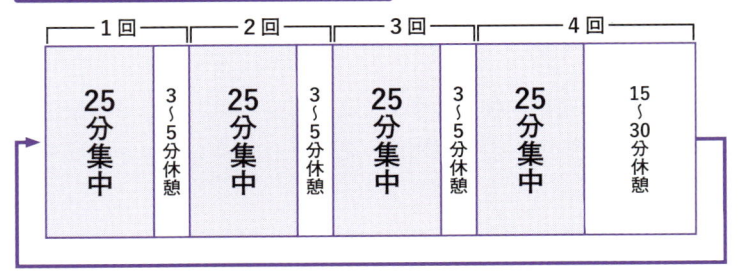

時間術の名著の中には、「ポモドーロテクニックの25分の集中時間の長さも、休息時間の長さも目安で、作業内容によって調整することが重要です」（堀正岳『ライフハック大全』／KADOKAWA）のように主張する本が複数ありました。

心身の健康が結局すべての基本

Point

✓ 運動、病気予防の時間を確保する

　時間術の著者の多くは、時間を生み出すためにも、また豊かに充実した時間を過ごすためにも、**「健康を維持し、コンディションを整える」ことが大切**だと考えています。

「時間を生み出すのは健康（エネルギー）である。

　健康はときにビジネスの現場で犠牲にされがちだが、長期的に成果を挙げているビジネスパーソンや経営者は、このエネルギーこそがすべての源泉だと知っている」（山口揚平『1日3時間だけ働いておだやかに暮らすための思考法』／プレジデント社）

「効率の良い時間の使い方を下支えするものは、ずばり健康です。スポーツでも、どこかを痛めている選手に、良いパフォーマンスが期待されることはないでしょう。

　時間をうまく使う人は、自分のパフォーマンスを上げるためにコンディションを整えることにも注力しています」（滝井いづみ『時間を「うまく使う人」と「追われる人」の習慣』／明日香出版社）

　コンディションを整え、健康を維持するメリットは

• パフォーマンスが上がる

- **集中力がアップする**
- **あらゆる体験や活動をする時間を増やせる**

などです。

では、健康を保つにはどうすればいいのでしょうか。時間術の著者たちが行っていた方法の一例を紹介します。

健康を保つ方法の例

- 1年に1度、人間ドックを受診して病気を予防する。
- 3か月に1度、歯科検診に行き歯周病を予防する（歯周病の予防が生活習慣病の予防につながる）。
- 毎日30分以上体を動かす。
- 週に2日筋トレをする。
- 良質な食事を摂る。
- 睡眠をしっかり取る（睡眠については18位で詳解）。
- マインドフルネス（意識を「今」に向けた状態や、そのために行われる瞑想のこと）で脳を休ませ、脳の疲労を取る。

若いときは仕事に集中するあまり、健康への配慮がおろそかになりがちです。しかし、2020年の発売以来大ベストセラーになっている『DIE WITH ZERO』（ビル・パーキンス／ダイヤモンド社）では、次のように書かれています。

「若い頃に健康に投資するほうが、人生全体の充実度は高まる。食生活に気をつけ、筋肉を鍛えておけば、できるだけ長く健康を保て、経験も楽しめる」

すぐに終わることから
どんどん片づける

Point

☑ **すぐにやる仕事と時間をかける仕事を仕分ける**

40位は、「すぐに終わることからどんどん片づける」です。
「すぐに」の程度は時間術の達人によってさまざまです。一例を
挙げると次の通りです。

- 飯田剛弘さん……5分以内
- 樺沢紫苑さん……2分
- 金川顕教さん……5分、10分
- F太さん、小鳥遊さん……2分以内

つまり、「**2〜10分で終わる仕事**」は**すぐに取りかかるのが好
ましい**ことがわかりました。

では、「2〜10分で終わる仕事」は具体的にはどのようなもの
なのでしょうか。

すぐに終わる仕事の例
- 会議の資料のコピーを取る。
- メールを返信する。
- 会議室を押さえる。

- 打ち合わせの時間を調整する。
- オフィスの備品を注文する。
- 会食の店を予約する。
- 資料をシュレッダーにかける。
- 回覧をチェックする。
- デスクの整理整頓をする。

　100冊の著者の意見をまとめると、すぐに終わる仕事をどんどん片づけたほうがいい理由は次の4つです。

◆すぐに終わる仕事をどんどん片づけたほうがいい4つの理由

(1)タスクをたくさん抱えすぎていると、重要なタスクに集中できないから。
(2)簡単な仕事から着手すると仕事のリズムができてくるから。
(3)すぐにできることをやらないと、仕事が溜まっていくから。
(4)小さな仕事は、放置すると忘れてしまいがちだから。

　「すぐできることを今やらないと、時間が経てば経つほど、仕事の利子がついてきます。100やるべきことが、110、120と増えていく感じです。（略）つまり、溜め込んでしまうとやるべきことが増え、すべてが後手に回ります」（飯田剛弘『仕事は「段取りとスケジュール」で9割決まる！』／明日香出版社）

　すぐにできることと時間のかかることを分け、前者をどんどん処理していくことが、全体の仕事を円滑に進めるコツです。

「死ぬまでにやりたいことリスト」のつくり方

「『もしも今日が人生最後の日だとしたら、今日やろうとしていることをやりたいと思うだろうか』。17歳の頃から毎朝、鏡に映る自分にそう問いかけていました」

2005年スタンフォード大学の卒業式で、アップルの創業者スティーブ・ジョブズが行った、歴史に残る名スピーチの中の一節です。人生の時間の使い方について考えさせられます。

「人生には、『三つの真実』がある。

人は、かならず、死ぬ。

人生は、ただ一度しかない。

人は、いつ死ぬか分からない。

君は、若き日に、その真実を見つめなければならない」

多摩大学大学院名誉教授、田坂広志さんの『未来を拓く君たちへ　なぜ、我々は「志」を抱いて生きるのか』（PHP研究所）に書かれている時間にまつわる名言です。

いずれも「終わり」や「人生の最後」を意識することの大切さを説いています。

本書の1位に「締め切りの効果」として紹介したように、人は、「終わり」を意識すると、その時間を有効活用しようという意欲が

高まったり、集中力が高まったりします。

このコラムでは「死ぬまでにやりたいことリスト」を取り上げます。

人生が有限であることを意識し、やりたいことをリストアップして、計画を立てておく。そうすることで、**「先延ばしすぎて結局はできなかった」という後悔を避ける**ことができます。

(1) バケットリストをつくる

100冊の時間術の名著の著者も、「死ぬまでにやりたいことリスト（バケットリスト）」をつくることをすすめています。

「健康も含め、今の状態がいつまで続くのかは、誰にもわかりません。いつ人生が終わってしまうのかもわかりませんし、どれくらい時間が残っているのかもわかりません。

だからこそ、『バケットリスト（死ぬまでにしたいことのリスト）』を作ることをおすすめします」（滝井いづみ『時間を「うまく使う人」と「追われる人」の習慣』／明日香出版社）

※バケットリストは、英語のスラング「kick the bucket（死ぬという意味）」が由来。

バケットリストのつくり方&使い方

①死ぬまでにやりたいことを思いついたままに、どんどん箇条書きで書く。大小なんでもよい。

たとえば、「レストラン○○のランチを食べる」も、「豪華客船で世界一周の旅をする」も一緒に書く。

②いつまでにやりたいか期限を入れる。

③ときどき見直して追加したり、実現したものは消していく。

バケットリストをつくるときのポイント

- 実現可能かどうかは考えなくてよい。
- できるだけ具体的に書いたほうが実現しやすくなる。

   例：× 外国語を話せるようになる

   　　○ 英語を日常会話レベルまで話せるようになる
- 思いつかない場合は、「旅行」「趣味」「家族」「仕事」「買いたいもの」など、テーマを設けると書きやすい。

ちなみに、ある調査によると、「一生のうちにこれはやりたいと思うこと」のベスト3は次の通りでした。

1位　旅行

2位　アクティビティや非日常の体験（スカイダイビングやバンジージャンプなど）

3位　趣味

（Time Tree／アンケート期間：2023年1月4日〜1月11日）

(2) タイムバケットをつくる

『DIE WITH ZERO』（ビル・パーキンス／ダイヤモンド社）では、「『自分は残りの人生で何をしたいのか』を、大まかな時間的枠組みのなかでとらえる」タイムバケットの活用を提案しています。

タイムバケットのつくり方&使い方

①現在をスタートにし、予測される人生最後の日をゴールに設定。

②5年か10年で区切る。5年区切りなら「25〜29歳」「30〜
34歳」「35〜39歳」のようになる。それぞれがやりたいこ
とを入れる「タイムバケット（バケツ）」になる。

③やりたいことのリストを書き出す。

④③を実現したい時期のバケツに入れていく。

たとえば、

25〜29歳　子どもたちのためにボランティアをする
　　　　　起業する

40〜44歳　本を書く
　　　　　住みたかった都市に移住

のように振り分けていく。

　タイムバケットは、期間を区切ってやりたいことを振り分ける
ため、いつ、何をしたいかが明確になります。

　ビル・パーキンスさんは、「『**死ぬまでにやりたいことリスト』
に期間を設定すると見えてくるのは、物事にはそれを行うための
相応しい時期がある、という事実だ**」と書いています。

　バケットリストは手軽につくれて、タイムバケットはいつ何を
やりたいかがより明確になります。

　はじめて「死ぬまでにやりたいことリスト」をつくる場合は、
敷居の低いバケットリストから始めるといいでしょう。

悩み別に読む「時間の賢い使い方」

　ここまで、「時間術」のベストセラー100冊から、ポイントをご紹介してきました。「自分にとって役に立ちそう」と思う項目から読んでいただければと考えていますが、なかには「1〜40位の項目を、もっと効率的に読みたい」という**超タイパ思考**の方もいるかもしれません。

　そこで本書の付録として、多くの人が抱えがちな「時間」に関連する6つの悩みに対して、40のポイントから、その解決に向けたご提案をしていきます。ご自身の実情に合わせて、本書を活用していただければ幸いです。

悩み①「やらなくちゃいけないことが多くて、忙しすぎます。**時間に追われないコツ**はありますか？」

悩み②「**要領が悪くて残業ばかり**。どうすればもっと効率よく、スピーディに仕事を進められるようになりますか？」

悩み③「計画性がなく、**締め切り前にいつもバタバタ**してしまうのを改善したいです」

悩み④「やるべきことがたくさんあると、**焦ってミスばかりして**しまいます」

悩み⑤「やるべきことがあっても、**なかなか動き出せず**に困っています」

悩み⑥「**やりたいことが見つけられず、人生を浪費している**気がします。どうしたら実り豊かな人生を送れますか？」

悩み① 「やらなくちゃいけないことが多くて、忙しすぎます。時間に追われないコツはありますか？」

「時間に追われる」感覚を持っている方はいませんか。ここではそのような方のための、「やるべきことが多すぎる」「忙しすぎる」ときの、2つの戦略を提案します。

(1) やらなくていいことは、やらない

ひとつめは、「やるべきこと」を減らすという戦略です。「やるべき」と思っていることでも、よくよく見直してみると、実はやらなくていいことは少なくありません。

たとえば、「毎週○曜日」と定例開催している会議も、必要な頻度はもっと低かったり、実はチャットで十分だったりするかもしれません[27位　中身がない・ムダな会議をなくす]。「やって当然」と思っていることほど、見直す意味があるはずです。

そうしたものを見分けるために有効なのは、「『やること』ではなく『やらないこと』を決める（10位）」「自分で何でもやりすぎない（8位）」「安請け合いせずに『断る』（20位）」です。

これらを「お金で『時間を買う』（21位）」と組み合わせると、「アンケート調査は外注する」「水回りの掃除はプロに頼む」など、やるべきことの削減につながります。

(2) やるべきことは、短い時間で、速くやる

2つめは、やめることはできないけれども、時間をかける必要のない事柄は、なるべく時短でスピーディに行う戦略です。

とくに、あらゆる方におすすめなのは、以下の3つです。

- **人生の空費「探す時間」は整理整頓で撲滅**（9位）

　あるはずのものが見当たらずに探す時間は、本当にムダです。

- **スマホやテレビは、使いすぎない、見すぎない**（19位）

　スマホもテレビも、目的があって使用しているのであれば、問題ありません。しかし、忙しいと感じているのに「何となく見ていたら、時間がたっていた」となれば、それは真っ先に省く時間といえます。

- **ささいなことで悩みすぎるのを賢く防ぐ**（28位）

　もちろん、重要なことは悩んでいいのです。しかし「なんであのとき、あんなことをしてしまったんだろう」というような悩んでも取り返せないことや、心配しても仕方のないことに時間を割きすぎていないでしょうか。忙しいときには、気持ちを切り替えることも大切です。

　そのほか、「**メールの処理に時間をかけない**（6位）」「**『ショートカットキー』『辞書機能』をマスターする**（31位）」では、やるべきことを短時間で済ませるコツを紹介しています。

　また、「**スキマ時間・移動時間をムダにしない**（15位）」で、細切れの時間もやるべきことに充てることができれば、持ち時間を増やすことができます。

　誰にとっても人生の時間は有限です。限られた時間を、人生を豊かにするために使いましょう。

悩み② 「要領が悪くて残業ばかり。どうすればもっと効率よく、スピーディに仕事を進められるようになりますか？」

　参考にさせていただいた100冊の中には、「残業を減らす」「仕事のスピードを上げる」ことをテーマとしている本が数多くありました。働き方改革などによって、残業抑制が当たり前となってきたからこそ、際立ってきた悩みともいえるかもしれません。

　ここでは、仕事を予定通り終えられないことがある方、残業が多くて減らしたいと考えている方にとくに役立つポイントを紹介します。

•「締め切り」の決め方で充実度と達成度が変わる（1位）

「限られた時間の中で終えられない」場合には、まずは締め切り設定の仕方を見直してみましょう。締め切りへの意識を高めることで、その時間にすべきことが明確になり、より効率的に進めることができます。

　また、締め切り設定の際には、14位で紹介した「『バッファ』を意識的につくる」ことが大切です。仮に8時間勤務だったとしても、その時間すべてを計画的に使えないことも多いもの。急ぎの仕事を頼まれたり、トラブルが起こった際に、なし崩し的に締め切りを破らずに済むように、勤務時間すべてにギチギチに予定を詰め込むのはやめましょう。

• 完璧を目指すより、まず「終わらせる」（5位）

　多くの仕事は、「作業して提出して終わり」ということにはなりません。一度提出したものでも、第三者（多くは上司）が確認をして、

多かれ少なかれ修正や改良をして、より質を高めていくはずです。

　多少粗い段階でも「たたき台です」と第三者の目を入れ、やりとりを経たほうが、ひとりで抱え込んで自分にとっての完璧を目指すよりも、はるかに短時間で、より高い質を生み出すことができます。

「こんな段階で相談するのは、気が引ける」という方は、まずは「『相手の時間』を奪わない（24位）」をチェックしてみてください。あなたが完璧を目指して抱え込んでいる間に、相手は、あなたの仕事を待っているかもしれません。

　相手の時間を奪わないためのコツに留意しつつ、とにかくまずは「終わらせる」ことを心がけるといいでしょう。「終わらせる」ということに関しては、「すぐに終わることからどんどん片づける（40位）」も参考になります。

・ルーティン化して、いちいち考えずに進める（11位）

　仕事の中には、いちいち考えなくても進められるものがあります。そうした物事をルーティン化してしまうことで、要領の悪さは改善できます。

・テレワークは「自分ルール」で生産性が上がる（37位）

　テレワークをすると仕事をダラダラ続けてしまうという方は、こちらの項目を参考にしてください。

悩み③ 「計画性がなく、締め切り前にいつもバタバタして しまうのを改善したいです」

「夏休みの宿題」への取り組み方は、「計画的に進める派」「最初に全部終わらせる派」「最終日付近で、一気に片づける派」などに分かれるそうです。「新学期（締め切り）までに、宿題を終わらせた」という点ではどの進め方も変わりありませんが、締め切りに追われ、「とにかく終わらせること」が目的になってしまうと、なかなか身につかず、「やっつけ仕事」にもなりがちです。

　日々の仕事も、旅行準備などのプライベートも同様です。目の前の期限に追われて「とりあえず期限を守る」よりも、計画的に段取りよく進めるほうが、質を高めていくことができます。

　今回のランキングに登場した、計画力や段取り力を高めるポイントは、下記の通りです。
- **ゴールを起点に考える**（3位）
- **「何にどれくらい時間を使っているか」を把握する**（12位）
- **取りかかる前に作業時間を見積もる**（32位）
- **まず「全体像」を描く**（36位）

　34位で紹介したように**「時間の使い方もPDCAサイクルで改善」**していくことができます。まずはひとつでも、できそうなものから取り入れて、計画力や段取り力を上げていきましょう。

「やるべきことがたくさんあると、焦ってミスばかりしてしまいます」

「やるべきことがたくさんある」という状態のときでも、焦ってしまうときもあれば、焦らずに落ち着いてできるときもあります。その違いはどこにあるのでしょうか。

まず考えられるのは、悩み③でも紹介した、「計画性」です。計画の中でやるべきことがたくさんある場合、「今は大変だけど、ここを頑張れば、次の段階に進めるはずだ」と見通しが立ち、焦りにくくなります。焦って手につかない場合、まずは計画に目を向けましょう。

計画に無理があるなど、それでも焦ってしまうこともあるでしょう。焦っているときこそ、目の前のことにひとつひとつ集中して、取り組んでいくことが大切です。集中して一気に取り組むポイントとして、本書では、

- **大事なことほど「朝」にやる**（4位）
- **マルチタスクはしない**（17位）
- **集中できる環境をつくる**（26位）
- **ポモドーロ・テクニックで「ダラダラ」から抜け出す**（38位）

を紹介しています。また、とりあえずやるべきことをToDoリスト化すれば、作業の間は「やるべきことリスト」を頭から追い出すことができ、さらに集中しやすくなります［**13位　ToDoリストは活用法が命**］。

　理由のわからない焦りの背後に、コンディション不良が隠れていることがあります。体調が悪かったり、疲労が溜まっていたり、睡眠不足だったりといった悪いコンディションが、処理能力に影響を与え、思うようにはかどらない結果としての焦り、というパターンです。

　時間術の名著100冊に登場したコンディションを整えるためのポイントは、以下の4点です。

- **休憩時間や休暇は「先に」スケジュールに組み込む**（16位）
- **睡眠時間は絶対に削らない**（18位）
- **午後のスタミナ切れは昼寝で防ぐ**（22位）
- **心身の健康が結局すべての基本**（39位）

　どんなに時間があっても、お金があっても、心身の健康に不安を抱えていたり、痛みや体調不良で悩んでいては、豊かな人生を送ることが難しくなってしまいます。

　「なぜかうまくいかない」というときこそ、一度自分自身の心身の健康状態を見直してみることです。万が一、不調が見つかった場合には、なるべく早く手を打つこと。失ってから取り戻すよりも、失う前に立て直すほうがいい、というのはいうまでもありません。

悩み⑤ 「やるべきことがあっても、なかなか動き出せずに困っています」

　今回参考にさせていただいた名著の中には、タイトル（サブタイトルも含む）に「すぐやる」という言葉が入っている本が9冊ありました。

　それだけ、「動き出しを早くする」「すぐに手をつける」ことを目指す方は多いのでしょう。

　今回のランキングでも、「『いつか』ではなく、『今すぐ』始める（7位）」という、「すぐやる」ことの重要さを述べた項目が上位にランクインしています。

　では、どうすれば動き出しを早くすることができるのでしょうか。

　これに関しては、7位の項目内で紹介したポイントとは別に、以下の項目が今回のランキングに入っていました。

・タスクを細分化して一歩ずつ取り組む（23位）

　156ページでも述べたように、「目標が大きすぎて実感が湧かない」「難易度が高すぎて、努力する気にならない」などが原因で、動き出せなくなることがあります。

　そのようなときは、「難しい」と感じなくなるまで、タスクを細分化することです。

　どんなに小さなことでも手をつければ、「動き出せない」状態から脱することができます。第一歩進んだあとの二歩目は、一歩目

よりは簡単なもの。とにかく一歩目を踏み出しましょう。

- **「明日やること」は前日の夜に考える**（30位）／**1日の「時間割」をつくっておく**（33位）

　動き出せない理由のひとつに、「何をするか」を決めていないことが挙げられます。

「やることはあるが、何から手をつけてもいい状態」は、言い換えれば優先順位が見えていないということです。**「『優先順位』を決めて行動する**（2位）」でも紹介したように、優先順位が正しくつけられていないと、複数の作業に忙殺されたり、やるべきことに集中できなかったり、大事なことが後回しになってしまうことにつながります。

　やるべきことに「すぐ」取り組むことができるように、自分にとっての「優先順位」に基づいた「明日やること」「1日の時間割」を、前もって決めておくといいでしょう。

「やりたいことが見つけられず、人生を浪費している気が します。どうしたら実り豊かな人生を送れますか？」

　今回、時間術の名著100冊を収集する際に、時間術には大きく 2つの傾向があることがわかりました。

　ひとつは、効率化やスピード化、段取り、やるべきことをすぐ やるなど、仕事や家事、パソコン術における「ノウハウとしての 時間術」です。

　そしてもうひとつが、ローマ帝国時代の書籍『人生の短さについ て　他二篇』（セネカ／光文社）から続く、「限りある時間をどう豊 かに過ごすか」という「人生論としての時間術」です。

　今回、40のポイントを抽出したところ、大半は前者の「ノウハ ウとしての時間術」でしたが、後者の「人生論としての時間術」 もいくつかランクインしていました（ただし、本書では「ノウハウとして の時間術」の中でも、家事やパソコン術などについては調査対象外としました。詳細 は216ページ参照）。本書でご紹介した「人生論としての時間術」が、 次の3項目です。

- 「ひとりの時間」を持つ（25位）
- 「好きなこと」に時間を使う（29位）
- **成長のために時間を使う**（35位）

　「ノウハウとしての時間術」を身につけると、時間の使い方がう まくなり、より少ない時間で多くのことを成し遂げられるはずで す。しかし、そもそも何のためにそれを成し遂げたいのか、それ を成し遂げた先に何が待つのかを考えることができません。「ノウ

ハウとしての時間術」だけを極めても、結果として目の前のことに追われるだけの人生になってしまいかねないのです。

「人生論としての時間術」を身につけることは、言い換えれば、何を大事にしていくのか、どんなことに自分の時間を使うのかを決めていくことでもあります。

　まずは自分ひとりの、「やるべきこと」に追われない時間を持ち、自分について考えるところから始めてみてはいかがでしょうか。これを考える上で、**Column 3「『死ぬまでにやりたいことリスト』のつくり方」**も役立つはずです。

「人生論としての時間術」を考える際に留意したいのが、**「スマホやテレビは、使いすぎない、見すぎない（19位）」**です。スマホやテレビには、気を散らすコンテンツや、「人に見せるため」に形作られた情報があふれかえっています。

　そうした情報に触れていれば、「自分のやりたいこと」ではなく、「素敵なＡさんがやっていて、たくさんの人からうらやましがられていること」「超人的なＢさんの"充実した"生き方」などに目を奪われてしまうことになりかねません。

「人生論としての時間術」には、正解や不正解はありません。みんながいいと思っていることと、あなたがいいと思うことがまったく違うということも珍しくないでしょう。

　「ひとりの時間」を持つこと、「好きなこと」に時間を使うこと、自分の成長のために時間を使うことを通して、自分にとっての実り豊かな人生を考えてみてはいかがでしょうか。

過去でも未来でもなく、「今」が大切

藤吉 豊

◆セネカが説く「生きる」と「存在する」の違い

　時間術の名著100冊の中で、「もっとも印象に残った1冊」を挙げるなら、僕は、ルキウス・アンナエウス・セネカが書いた、『人生の短さについて　他2篇』（光文社）を選びます。

　セネカは、ローマ帝政時代初期の政治家・哲学者です（紀元前1年頃〜紀元後65年）。

　表題作の『人生の短さについて』は、「人生は浪費すれば短いが、過ごし方次第で長くなる」ことを教えてくれる秀作です。セネカが、妻の近親者であるパウリヌス（ローマ帝国の食糧管理官）に宛てて綴った書簡とされています。

　とくに印象的だったのは、セネカが「生きる」と「存在する」の意味を使い分けていた、以下の部分です。

「ある人の髪の毛が白いとか、顔にしわが寄っているからといって、その人が長く生きてきたと認める理由にはならない。その人は、長く生きていたのではない。たんに長く存在していただけなのだ」

　『人生の短さについて』の文脈にあるのは、

• 「生きる」＝「自己を喪失せず、自分のためになること、自分

のなすべきことに時間を使う」

• **「存在する」** ＝「人生の目的も、自分自身に費やす時間も持た
　ず、惰性的に時を過ごす」
　という考え方だと、僕は理解しています。

　僕もコロナ禍以降、頭の片隅に、
「『生きる』と、『生存する（セネカのいう「存在する」）』にはニュアン
スの違いがあって、必ずしもイコールではない」
　という思いを、何となく、持ち続けています（だからこそ、「生きる
ことと、存在することは似て非なるもの」というセネカの思想が目に留まったのでし
ょう）。

　緊急事態宣言による行動規制は、「生存する（生命を維持する）」た
めにやむを得ない手段だったのかもしれません。ですが一方で、
感情をのびやかに発露する機会が減ったために、日々の彩りとか、
潤いとか、みずみずしさが失われてしまい、"生きてる感"にとぼ
しかった気がします。
　コロナ禍を経て僕は、「『生存』が示すのは体の動きで、どこか
無機質。『生きる』は心の動きをともなっていて、情感的」と、解
釈するようになりました。

　新型コロナウイルスが猛威を振るう中、舞台演劇の関係者にお
話をうかがったときのことです。当時のエンタメ業界は、「食料や
ライフラインより優先度が低く、生きていくために必要ない」と
見なされることが多かったそうです。
　もがきながらも前を向く演劇関係者の熱意に触れて、僕は、

「生存するという目的において不要不急であったにせよ、僕たちが文化的に生きていくために（つまり、心を豊かにするために）、エンタメが果たす役割は大きい」

　ことを学びました。そして、

「生存を大前提としながらも、生きる時間、心が躍動する時間を増やしていきたいよね」

　と望むようになったのです。

『人生の短さについて　他2篇』の訳者・中澤務さんは、当該書籍の「解説」の中で、「セネカが考える時間との正しい関わり」について、次のように述べています。

「ひとことでいえば、未来に頼ることをせず、過去ときちんと向き合って、そのうえで、現在という時間に集中して生きることです」

　一瞬一瞬に集中して「今を大切に生きる」というセネカの考えは、普遍的です。歴史上の哲人、賢人の多くは、セネカがそうしたように、「今、この瞬間の生き方」に目を向けています。

　たとえば、「お釈迦さま」もそのひとりです。「文道」（藤吉と小川が設立した会社）の名付け親である佛心宗 大叢山 福厳寺の大愚元勝住職から、以前、「一夜賢者の偈」というお釈迦さまの人生訓を教えていただきました。

【一夜賢者の偈】 ※一部抜粋して掲載。

過去は追うな。

未来を願うな。
過去はすでに捨てられ、未来はまだ来ない。
だから、ただ現在のことをありのままに観察し、
動揺することなく、よく理解して、実践せよ。
ただ今日すべきことを熱心になせ。

　一夜とは、「1日」のこと。「賢者」とは、「今日1日、怠ることなく励む人、今日すべきことを熱心にする人」のことです。
　セネカもお釈迦さまも本質的に同じで、
「過去は過去として受け止める。予測できない未来に過度な期待や心配をしない。今を賢明に、懸命に生きることが大事」
　と教えてくれます。

　お釈迦さまの時代（紀元前5〜6世紀頃）もセネカの時代も、そしてこの原稿を執筆中の2024年も、いつもどの人も多忙の中にいます。時間術は人類の恒久的テーマであり、人はそうそう変われないのかもしれません。でもまぁそれでも、僕自身、
「無為な時間を減らして、自分のために使う時間を増やす」
「生存する（存在する）時間を少しでも減らして、生きている時間を増やす」
　ことができるように、
「今、なすべきこと」
　に、もっと目を凝らし、もっと集中していこうと思います。

　本書の時間術をヒントにして、みなさんが、みなさんらしい時間を“生きる”ことができるよう、願っています。

時間について学ぶのは
命について学ぶのと同じ

小川真理子

「時間術」の名著100冊をまとめ終えてまず次のように思いました。

　時間の使い方、時間の価値については、人生の早い段階で学ぶべき。

　個人的には、できれば10代、いやもっと早く学び始めてもよかったと思っています。

　なぜなら、数多くの時間術の本の著者たちが述べているように、「時間は命そのもの」だからです。

　時間について学ぶのは、命について学ぶのと同じ。

　時間の使い方について学ぶのは、命の使い方について学ぶのと同じ。

　時間のムダ使いについて知るのは、命のムダ使いについて知るのと同じ。

　生命体である私たちは、お金より何よりも大事な時間について、それこそ1時間でも1分でも1秒でも早く学び始めたほうがいい

のです。

　みなさんには、今すぐに時間についての学びをスタートすることをおすすめします。なぜなら、今この瞬間が、これからのみなさんの人生でいちばん若いからです。

　少しでも若いときに、時間について学び始めるのがいいと思います。

◆今を大切に生きていく

　これまでどれだけ時間をムダに過ごしてしまったのだろう、と多少反省もしました。若い頃、ミヒャエル・エンデの『モモ』（岩波書店）を読んで、とても感銘を受け、「時間どろぼうにだけは、絶対に時間を盗まれないようにしよう」と誓ったはずなのに……。

　日々のいろいろに忙殺され、たんまり盗まれてしまった気がします（涙）。

　しかし、嘆いていても時間は戻ってきません。そうこうしている間にも、命の砂時計は音を立てずに落ちていきます。

　今のタイミングで知ることができてよかった、と喜び、前を向いて"今"を大切に生きていくしかありません。

◆時代に流されない

　時間術の名著100冊を読み、「そうやればよかったんだ」「そうそう、その通り」という気づきや同感する瞬間が多くありました。

　たとえば、「休憩時間や休暇は『先に』スケジュールに組み込む

（16位）」です。自分の人生では、仕事を優先にして、休みを上手に取れずにここまで来てしまいました。

　休みをきちんと取っていたら、逆にもっと効率的に仕事がはかどったのではないかと悔やまれます（おっと、また嘆いてしまいました、汗）。

　もうひとつ「その通り」と思ったのは、「自分で何でもやりすぎない（8位）」です。

　私自身はほぼフリーランスとして働いてきましたので、「部下に任せる」場面はありませんでした。

　しかし、いろんな人と組んで仕事をする中で、より多くの仕事ができることや、人に助けてもらうことなしに人生がうまくいくはずがないことは身をもって体験してきました。

　人と仕事をシェアしたり、チームで仕事をするのは、時間を効率的に使えるのはもちろんのこと、楽しく、人生を豊かにする上で大切だと思いました。

　また、ランキングには入っていませんが、100冊の中で印象に残っている文章があります。

　「神経科学者のダニエル・レビティンは『何もかもが速すぎて多すぎる世界では、些細なことと重要なことの区別が難しくなる』と表現します。あまりに情報の速度と量が多いと、私たちの脳はどのデータに意識を向けるべきかを判断できなくなり、どうでもよいことでも重要であるかのように解釈したすえに、人生で本当に大事なことへリソースを回せなくなってしまうのです」（鈴木祐

『YOUR TIME』／河出書房新社）

　コスパ、タイパが重視される時代ですが、時代の流れに右往左往せずに、自分のペースで情報を仕入れていくことも大切だと感じました。

　本書は、何に自分の残りの時間を使うか、真剣に考えるきっかけになりました。
　家族のため、自分を楽しませるため、仕事のため、社会のため、地球のため……。
　結論を出すというより、時間が有限であることを意識して、日々を大切に生きていきたいです。

　本書を読むことに、みなさんの貴重な時間を使ってくださったことに心から感謝いたします。
　ありがとうございました。

参考にさせていただいた名著100冊

　本書は、下記の条件をもとに書籍を収集し、調査しました。
- 「(仕事の) 時短術」「時間術」「段取り」「生産性」「仕事のスピードアップ」「すぐやる」「タイムマネジメント」「朝時間の使い方」「習慣術」など、ビジネスにおける時間の使い方や効率化をテーマとした書籍。
- 「人生の豊かさ」「生き方」「時間」について論じた書籍。
- 「2010年以降」に、紙または電子媒体で刊行された書籍。本テーマは特に、時代の変化による影響が強く想定されたため、従来と比較してより「刊行時期」を重視しました。
- 「ベストセラー」「ロングセラー」の書籍。より多くの方に受け入れられているルールを抽出するため、販売部数や書籍への評価を踏まえて選出しました。

　ただし、上記の条件を満たす書籍でも、時短レシピや時短グッズなどを紹介する書籍、概念としての時間や物理法則を扱う書籍、最新技術の活用法などトレンド性の強い書籍は、調査対象外としました。

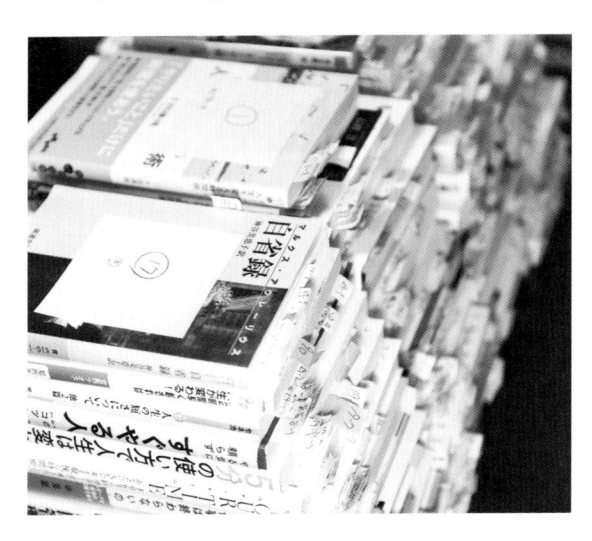

書籍リスト（順不同）

1 『「仕事が速い人」と「仕事が遅い人」の習慣　仕事に追われるダメビジネスマンだった私が働きながら国家試験に合格できた理由』山本憲明／明日香出版社

2 『「できる人」の時間の使い方　なぜか、「時間と心に余裕のある人」の技術と習慣』箱田忠昭／フォレスト出版

3 『人生が劇的に変わる「瞬読式」時間術　忙しさから解放され、本当にやりたいことに集中する』山中恵美子／三笠書房

4 『ライフハック大全　人生と仕事を変える小さな習慣250』堀正岳／KADOKAWA

5 『なぜ、あなたの仕事は終わらないのか　スピードは最強の武器である』中島聡／文響社

6 『「後回し」にしない技術　「すぐやる人」になる20の方法』イ・ミンギュ（著）、吉川南（訳）／文響社

7 『神時間力　時間を使いこなせば人生は思い通り』星渉／飛鳥新社

8 『いちばん大切なのに誰も教えてくれない段取りの教科書』水野学／ダイヤモンド社

9 『やる気に頼らず「すぐやる人」になる37のコツ　科学的に「先延ばし」をなくす技術』大平信孝／かんき出版

10 『頭が冴える！　毎日が充実する！　スゴい早起き』塚本亮／すばる舎

11 『今日がもっと楽しくなる行動最適化大全　ベストタイムにベストルーティンで常に「最高の１日」を作り出す』樺沢紫苑／KADOKAWA

12 『完訳　７つの習慣　30周年記念版』スティーブン・R・コヴィー（著）、フランクリン・コヴィー・ジャパン（訳）／キングベアー出版

13 『朝１分間、30の習慣。　ゆううつでムダな時間が減り、しあわせな時間が増えるコツ』マツダミヒロ／すばる舎

14 『時間最短化、成果最大化の法則　１日１話インストールする"できる人"の思考アルゴリズム』木下勝寿／ダイヤモンド社

15 『時間を「うまく使う人」と「追われる人」の習慣』滝井いづみ／明日香出版社

16 『仕事を高速化する「時間割」の作り方』平野友朗／プレジデント社

17 『すぐやる習慣、はじめました。』水江卓也／すばる舎

18 『いつも結果を出している人の、仕事と勉強を両立させる時間術』佐藤孝幸／クロスメディア・パブリッシング

19 『仕事は「段取りとスケジュール」で９割決まる！』飯田剛弘／明日香出版社

20 『仕事の「質」と「スピード」が上がる仕事の順番』田中耕比古／フォレスト出版

21 『行動の科学　先送りする自分をすぐやる自分に変える最強メソッド』マイケル・ボルダック（著）、高野内謙伍（監訳）、吉田裕澄（訳）／フォレスト出版

22 『仕事効率を劇的にアップさせる　頭のいい段取りの技術』藤沢晃治／日本実業出版社

23 『レバレッジ時間術　ノーリスク・ハイリターンの成功原則』本田直之／幻冬舎

24 『週40時間の自由をつくる超時間術』DaiGo／実務教育出版

25 『24時間すべてを自分のために使う　タイムマネジメント大全』池田貴将／大和書房

26 『朝２時間早く起きれば人生が変わる！　不思議なほど思い通りにいく人の時間術』宮西ナオ子／三笠書房

55 『JUST KEEP BUYING　自動的に富が増え続ける「お金」と「時間」の法則』ニック・マジューリ（著）、児島修（訳）／ダイヤモンド社

56 『ワーク・シフト　孤独と貧困から自由になる働き方の未来図〈2025〉』リンダ・グラットン（著）、池村千秋（訳）／プレジデント社

57 『トヨタの会議は30分　GAFAMやBATHにも負けない最速・骨太のビジネスコミュニケーション術』山本大平／すばる舎

58 『仕事が速いのにミスしない人は、何をしているのか？』飯野謙次／文響社

59 『できるリーダーは、「これ」しかやらない　メンバーが自ら動き出す「任せ方」のコツ』伊庭正康／PHP研究所

60 『結局、「すぐやる人」がすべてを手に入れる　能力以上に結果が出る「行動力」の秘密』藤由達藏／青春出版社

61 『時間革命　1秒もムダに生きるな』堀江貴文／朝日新聞出版

62 『「3か月」の使い方で人生は変わる　Googleで学び、シェアNo.1クラウド会計ソフトfreeeを生み出した「3か月ルール」』佐々木大輔／日本実業出版社

63 『仕事に追われない仕事術　マニャーナの法則　完全版』マーク・フォースター（著）、青木高夫（訳）／ディスカヴァー・トゥエンティワン

64 『「すぐやる人」と「やれない人」の習慣　高校時代の偏差値30台の勉強嫌いが自分を変えてケンブリッジに入学、活躍できた理由』塚本亮／明日香出版社

65 『残業ゼロ！　仕事が3倍速くなるダンドリ仕事術　デキル人が実践している77tips』吉山勇樹／明日香出版社

66 『要領がよくないと思い込んでいる人のための仕事術図鑑』F太、小鳥遊／サンクチュアリ出版

67 『生産性　マッキンゼーが組織と人材に求め続けるもの』伊賀泰代／ダイヤモンド社

68 『「時間の使い方」を科学する　思考は10時から14時、記憶は16時から20時』一川誠／PHP研究所

69 『YOUR TIME　4063の科学データで導き出した、あなたの人生を変える最後の時間術』鈴木祐／河出書房新社

70 『夢をかなえる時間術』伊藤真／サンマーク出版

71 『AI分析でわかったトップ5％社員の時間術』越川慎司／ディスカヴァー・トゥエンティワン

72 『あなたの1日を3時間増やす「超整理術」』高嶋美里／KADOKAWA

73 『「人生が充実する」時間のつかい方　UCLAのMBA教授が教える"いつも時間に追われる自分"をやめるメソッド』キャシー・ホームズ（著）、松丸さとみ（訳）／翔泳社

74 『怠けてるのではなく、充電中です。　昨日も今日も無気力なあなたのための心の充電法』ダンシングスネイル（著）、生田美保（訳）／CCCメディアハウス

75 『倒れない計画術　まずは挫折・失敗・サボりを計画せよ！』DaiGo／河出書房新社

76 『すぐやる！「行動力」を高める"科学的な"方法』菅原洋平／文響社

77 『「やりたいこと」が見つかる時間編集術　「4つの資産」と「2つの時間」を使って人生を変える』長倉顕太／あさ出版

78 『DIE WITH ZERO　人生が豊かになりすぎる究極のルール』ビル・パーキンス（著）、児島修（訳）／ダイヤモンド社

79 『朝5時半起きの習慣で、人生はうまくいく！　世界一の「睡眠の専門医」が教える！』遠藤拓郎／フォレスト出版

80 『「朝4時起き」で、すべてがうまく回りだす！』池田千恵／PHP研究所

81 『エッセンシャル思考　最少の時間で成果を最大にする』グレッグ・マキューン（著）、高橋璃子（訳）／かんき出版

82 『仕事の問題地図　「で、どこから変える？」進捗しない、ムリ・ムダだらけの働き方』沢渡あまね／技術評論社

83 『どんな時代もサバイバルする人の「時間力」養成講座』小宮一慶／ディスカヴァー・トゥエンティワン

84 『一度しかない人生を「どう生きるか」がわかる100年カレンダー』大住力／ディスカヴァー・トゥエンティワン

85 『一生使える「段取り」の教科書　トップ1％が大切にしている仕事の超キホン』鳥原隆志／大和出版

86 『時短・効率化の前に今さら聞けない時間の超基本　ビジュアル版』二間瀬敏史、吉武麻子（監修）／朝日新聞出版

87 『1日3時間だけ働いておだやかに暮らすための思考法』山口揚平／プレジデント社

88 『モモ』ミヒャエル・エンデ（作）、大島かおり（訳）／岩波書店

89 『「すぐやる脳」のつくり方　結果を出せる人になる！』茂木健一郎／河出書房新社

90 『1分間マネジャーの時間管理　働きすぎを解消する仕事のさばき方』ケン・ブランチャード、ウィリアム・オンケン・ジュニア、ハル・バローズ（著）、永井二菜（訳）／パンローリング

91 『できる営業は、「これ」しかやらない　短時間で成果を出す「トップセールス」の習慣』伊庭正康／PHP研究所

92 『4時間半熟睡法　世界一の「睡眠の専門医」が教える！』遠藤拓郎／フォレスト出版

93 『時間の使い方』入江久絵（マンガ・イラスト）／旺文社

94 『自分の時間　新装新版』アーノルド・ベネット（著）、渡部昇一（訳・解説）／三笠書房

95 『55歳からの時間管理術　「折り返し後」の生き方のコツ』齋藤孝／NHK出版

96 『とにかく仕組み化　人の上に立ち続けるための思考法』安藤広大／ダイヤモンド社

97 『世界のエリートがやっている最高の休息法　脳科学×瞑想で集中力が高まる』久賀谷亮／ダイヤモンド社

98 『段取り力　「うまくいく人」はここがちがう』齋藤孝／筑摩書房

99 『無印良品は、仕組みが9割　仕事はシンプルにやりなさい』松井忠三／角川書店

100 『人生を愉しむ知的時間術　"いそがば回れ"の生き方論』外山滋比古／PHP研究所

101 『なぜか「段取り」のウマい人、ヘタな人』中島孝志／ゴマブックス

102 『存在と時間　上・下』マルティン・ハイデッガー（著）、細谷貞雄（訳）／筑摩書房

103 『LIFE SHIFT　100年時代の人生戦略』リンダ・グラットン、アンドリュー・スコット（著）、池村千秋（訳）／東洋経済新報社

謝辞

「100冊シリーズ」5冊目を世に送り出すことができました。

　今回もたくさんの方々のお力添えがありました。記して、感謝申し上げます。

- 株式会社日経BP　宮本沙織さん（本書の担当編集者。文道に著者デビューの機会をくださった恩人。一生、ついていきます）
- クロロス　斎藤充さん（本書の中面デザインを担当。文道の2人もクロロスのメンバーです）
- krranの西垂水敦さん、内田裕乃さん（カバーデザイン担当）
- 大叢山福厳寺　大愚元勝住職（株式会社文道の名付け親）
- 株式会社ナーランダ出版　廣瀬知哲さん（文道のよき理解者）
- 富女子会ライター部／相田真理さん、高木みどりさん、さとうえりさん、花輪恵さん、高橋未奈子さん
- 本書で取り上げた103冊の著者の方々
- この本を手に取ってくださった読者の方々

　最後に、いつも支えになってくれている、藤吉と小川の家族に。

著者プロフィール

藤吉 豊（ふじよし・ゆたか）

株式会社文道、代表取締役。有志4名による編集ユニット「クロロス」のメンバー。日本映画ペンクラブ会員。神奈川県相模原市出身。

編集プロダクションにて、企業PR誌や一般誌、書籍の編集・ライティングに従事。編集プロダクション退社後、出版社にて、自動車専門誌2誌の編集長を歴任。2001年からフリーランスとなり、雑誌、PR誌の制作や、ビジネス書籍の企画・執筆・編集に携わる。文化人、経営者、アスリート、タレントなど、インタビュー実績は2000人以上。2006年以降は、ビジネス書籍の編集協力に注力し、200冊以上の書籍のライティングに関わる。

現在はライターとしての活動のほか、「書く楽しさを広める活動」「ライターを育てる活動」にも注力。「書く力は、ライターだけでなく、誰にでも必要なポータブルスキルである」（ポータブルスキル＝業種や職種が変わっても通用する持ち出し可能なスキル）との思いから、大学生や社会人に対して、執筆指導を行っている。元野良猫を溺愛する日々。

小川真理子（おがわ・まりこ）

株式会社文道、取締役。有志4名による編集ユニット「クロロス」のメンバー。日本映画ペンクラブ会員。日本女子大学文学部（現人間社会学部）教育学科卒業。東京都在住。編集プロダクションにて、企業PR誌や一般誌、書籍の編集・ライティングに従事。その後、フリーランスとして、大手広告代理店の関連会社にて企業のウェブサイトのコンテンツ制作にも関わり仕事の幅を広げる。これまでに、子ども、市井の人、文化人、経営者など、インタビューの実績は数知れない。

現在は、ビジネス書や実用書などの編集・執筆に携わる一方で、ライターとして約30年活動をしてきた中で培ってきた「書く」「聞く」についてのスキルや心構えを伝えたいと、ライティング講座にも注力。学生や社会人、ライターを目指す方々に対して、執筆指導を行っている。猫を2匹飼っている。

■書籍【藤吉豊・小川真理子共著】
『「文章術のベストセラー100冊」のポイントを1冊にまとめてみた。』
『「話し方のベストセラー100冊」のポイントを1冊にまとめてみた。』
『「勉強法のベストセラー100冊」のポイントを1冊にまとめてみた。』
『「お金の増やし方のベストセラー100冊」のポイントを1冊にまとめてみた。』
（以上、日経BP）
『社会人になったらすぐに読む文章術の本』（KADOKAWA）
『日本人のための「書く」全技術【極み】』（翔泳社）

■書籍【藤吉豊著】
『文章力が、最強の武器である。』（SBクリエイティブ）

■書籍【小川真理子著】
『仕事がとぎれない　ムリせず長く続けられる　女性フリーランスの働き方』
（日本実業出版社）

■文道 https://bundo.style
■Facebook https://www.facebook.com/BUNDO.inc
■YouTube 「文道TV」https://www.youtube.com/channel/UC4Tp1uYoit3pHXipRp_78Ng

「時間術のベストセラー100冊」の
ポイントを1冊にまとめてみた。

2024年9月30日　第1版　第1刷発行

著　　者	藤吉 豊・小川真理子（文道）
発行者	中川ヒロミ
発　　行	株式会社日経BP
発　　売	株式会社日経BPマーケティング
	〒105-8308　東京都港区虎ノ門4-3-12
	https://bookplus.nikkei.com/
装　　丁	西垂水 敦・内田裕乃（krran）
本文デザイン・制作	斎藤 充（クロロス）
編　　集	宮本沙織
印刷・製本	中央精版印刷株式会社

ISBN978-4-296-00192-7 Printed in Japan
©2024 Yutaka Fujiyoshi, Mariko Ogawa

100冊を読みこむのは大変！
代わりにエッセンスを
ランキング形式でまとめておきました。

藤吉 豊・小川真理子[著]

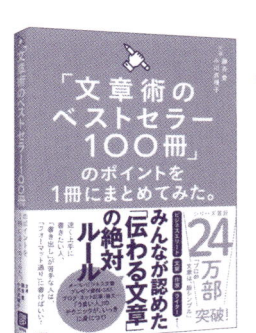

文章の書き方

- **1位** 文章は ???? に
- **2位** 伝わる文章には「型」がある
- **3位** 文章も「???」が大事 etc.

『「文章術のベストセラー100冊」のポイントを1冊にまとめてみた。』978-4-8222-8906-5

話し方・伝え方

- **1位** 会話は「??」を中心に
- **2位** 「?????」が「伝わり方」を決める
- **3位** 話し方にメリハリをつける etc.

『「話し方のベストセラー100冊」のポイントを1冊にまとめてみた。』978-4-296-00043-2

勉強&インプット法

- **1位** 繰り返し ??? する
- **2位** 「目的」と「ゴール」を明確にする
- **3位** 上手な「???」で学びの「質」が上がる etc.

『「勉強法のベストセラー100冊」のポイントを1冊にまとめてみた。』978-4-296-00102-6

お金を増やす&貯める

- **1位** 「????」でリスクを減らす
- **2位** 「投資信託」で手堅く運用する
- **3位** 誰でもある「?????」を今すぐ減らす etc.

『「お金の増やし方のベストセラー100冊」のポイントを1冊にまとめてみた。』978-4-296-00135-4